NATIONAL
GEOGRAPHIC

NATIONAL GEOGRAPHIC

美国国家地理全球史

古典希腊

Classical Greece

美国国家地理学会 编著　　董馨阳 译

中国出版集团　现代出版社

ΑΙΑΝΤΟΣ
ΟΝΕΤΟΡΙΔΕΣ ΚΑΛΟΣ

目 录

插图（第2页） 阿芙洛狄忒像，世人称之为米洛斯的维纳斯，是公元前2世纪的杰作，受到古典时期美的范式的灵感启发（现藏于巴黎卢浮宫）。

插图（第4—5页） 阿喀琉斯与埃斯阿玩骰子，埃克塞基亚斯作品，创作于公元前550年至公元前530年（现藏于罗马梵蒂冈博物馆）。

插图（左侧） 绑鞋带的胜利女神尼凯，完成于公元前420年至公元前410年（现藏于雅典卫城博物馆）。

概 述

在我们称为“古典”希腊的历史时期（公元前5世纪）——古典一词起源于考古学和艺术史的术语——产生了不朽的雕塑和文学作品，如菲狄亚斯的《雅典娜神像》或索福克勒斯的《俄狄浦斯王》。民主、法律面前人人平等等基本的政治和哲学概念在这一时期诞生，公民价值观和道德价值观也在这一时期如雨后春笋般涌现出来，这些价值观至今仍然是人文主义文化的基础。在希腊历史的沿革中，介绍了欧洲的文明源于何处，展示了包含自然科学、社会科学和人文科学在内的科学知识体系是如何产生的。也正是在这一时期，参与式政治方法的基础思想已经形成，如今有人认为用这种方法进行统治并与他人生活在一起委实妙到毫巅，也有人认为和其他所有方式相比，正如丘吉尔所言，参与式政治是一种糟糕透顶的方法，但不管怎样它都使我们惊叹不已。古典美学的准则、逻辑和理性思维、共同生活以及解决冲突的社会伦理、法律和公平正义、文学体裁等涵盖从历史学到戏剧方方面面的基础，即科学方法的原则，归根结底，为西方文明的个体留下不可磨灭的印记的公民模式正是在这一阶段得以奠定并百花齐放，这绝非偶然。

19世纪英国诗人P.B.雪莱曾写下“我们都是希腊人”。在新科技如火如荼的今天，欧洲人仍然还是希腊人。当我们研究古典希腊历史的时候，就能够清晰地感受到，尽管现代世界不断进步，但仍然建立在直接源于希腊文化的公民意识之上；尽管斗转星移，我们仍然在透过希腊的镜子审视自我，仍然能够从中毫无悬念地辨认出自己，从中看到诸多令人难以置信的相似之处。个体在集体中发挥重要作用，让人文主义理性充当认识并研究真理的向导，在稗官野史面前保持历史调查研究的理性，在平息政治社会争议中彰显人与人之间对话的力量，所有这一切都将我们带回古典希腊时期。

插图（第8—9页） 希腊埃伊纳岛的阿帕亚神庙遗址，约建于公元前6世纪末或公元前5世纪初。

插图（左侧） 阿尔特米希恩海角之神（细节），公元前5世纪中期的青铜雕塑，献给波塞冬和宙斯（现藏于雅典国家考古博物馆）。

波塞冬和阿波罗

在帕提侬神庙的中楣上，两位神祇正在交谈，如同他们在参加公民大会时一样（现藏于雅典卫城博物馆）。

插图（右侧） 陶片（ostrakon），其上书有被判处流放的公民名字：阿里斯蒂德（现藏于古安哥拉博物馆）。

黎明的曙光

公元前 5 世纪，希腊经历了一个光辉灿烂的时期，雅典是这一时期无可争议的主角。阿提克城邦成为这一时期的中心，文学、建筑学、海洋工程学等不同领域的进步和创新在这里碰撞交织。也正是在这一时期，这座城市成功地施行了一种复杂的政治制度，那就是民主，它赋予所有公民在法律面前人人平等的权利。

从爱奥尼亚起义（公元前 500 年）开始，到伯罗奔尼撒战争（公元前 404 年）结束，公元前 5 世纪是雅典的黄金时代。正是在这一时期——从美学角度看，以帕提侬神庙等建筑物或索福克勒斯的悲剧为标志——永久地确定了西方世界的文化和政治架构。相对较小的希腊城市及其不同的政权，在民主的雅典和寡头的斯巴达的支持下联合起来，与庞大的波斯帝国相抗衡，这成为面对自命不凡的独裁政权争取政治自治和自由的象征。中世纪战争后，雅典海洋帝国建立，民主制度得以巩固，随后又爆发了对希腊霸权的激烈争夺，这些是这一迷人的时期最为显著的政治特征。

雅典的辉煌灿烂体现在两个标志性人物身上，他们为雅典日后的巨大声望做出了重大的贡献：一位是克利斯梯尼（Clisthène），他是阿提卡民主制精神的奠基人；另一位是伯里克利，这位政治家的名字成为古典时期的同义词。

由于深刻的经济、政治和社会变革正在强烈地影响着希腊世界，更具体而言，随着雅典城邦不断发展壮大，产生了前所未有的文化繁荣。文化的繁荣催生了许多无与伦比的艺术作品，而这些艺术作品又成为后世艺术、文学和科学领域的典范。

属于雅典的世纪

公元前 5 世纪，雅典作为接收和传播希腊知识的中心地位得以确立。这一时期雅典最杰出的代表人物不仅是雅典人，来自整个希腊四面八方的人才都云集于此。

建筑和雕塑艺术方面取得的成就在短时间内就使得雅典卫城内遍地名胜，使其成为促进民主价值观制度的展示窗口和宣传工具。伊克提诺斯和卡利克拉特修建了帕提侬神庙（公元前 447 年—公元前 438 年），菲狄亚斯为之饰以一座宏伟壮观的雅典娜-帕提侬女神雕像。此后不久，又建造了卫城山门（公元前 437 年—公元前 432 年）、厄瑞克忒翁神庙（公元前 408 年）和尼凯神庙（公元前 406 年）。在表演艺术领域，埃斯库罗斯、索福克勒斯、欧里庇得斯和阿里斯托芬脱颖而出；在哲学和修辞学领域出现了诡辩派，他们是公开辩论和政治理论的大师，是西方历史上首批教育家。面对宗教和神话（秘所思）的传统解释，希腊文明取得了进步，依靠的是客观的逻各斯（理性、推理、严密连贯的文字、计算、书面文字等），或者说依靠的是赫拉克利特所说的“共同的”逻各斯。希腊人的理性以语言和对话为基石，雅典人苏格拉底是这一方面的大师，但希腊人的理性也同样建立在抽象思维的基础上，希腊人对数学、物理学和几何学的满腔热情即是证明，这些都是在柏拉图学园里教授的学科。

伟大的哲学家苏格拉底是当时雅典知识界最具争议的人物：这位辩证法大师通过反复提出关于存在和美德的问题，激发了人们对哲学辩论的热情，但他也引起了大多数同胞的不理解，最终导致他遭到死刑判决（公元前 399 年），关于这一点举世皆知。苏格拉底的弟子柏拉图和色诺芬留下的关于这位伟大的雅典思想家的描述令人印象深刻，通过这些记述我们得以窥见苏格拉底独特的个性和所作所为。柏拉图是苏格拉底最杰出也是最有名的学生，他对苏格拉底辩证法的戏剧化描述，永远改变了西方哲学的历史。怀特海认为后世所有的哲学只不过是柏拉图思想的一系列注脚而已。

柏拉图对雅典政治制度持怀疑态度——在这一问题上，他的观点与苏格拉底的另一位弟子色诺芬不谋而合——也体现了当时在雅典随处可见的意识形态辩论。诡辩派推崇的政治言论，很快得到各个哲学流派（伊索克拉底、柏拉图、亚里士多德）的丰富发展，力求为理想国奠定基础，而政治言论的批评者也没有放过对民主的批判。正是在这种思想氛围下，催生了对政治理论、理想宪法和城市治理的思考，以及对公民价值体系的有效性的思考。

同时，由于这种对当下的新认知，在这个属于雅典的世纪中出现了历史学流派，它因哈利卡纳苏斯的希罗多德永不满足的求知欲而诞生，他以编年纪事的方式记录了米堤亚战争，并毫无保留地参与到他周围雅典人的政治辩论中。希罗多德被西塞罗称为“历史之父”，他开创了这门对过去进行系统分析的科学，对能够影响现在和未来的行为模式进行了充满热情的盘点。他的继任者修昔底德是《伯罗奔尼撒战争史》的作者，他为历史研究确立了新的方法论要求，成为后世必不可少的参照。色诺芬是古典历史学家三巨头的最后一位成员，他以其《希腊人》中精辟的历史评论和对伯罗奔尼撒战争最后几年史诗般的描述，终结了对这个世纪的展望，当时雅典的政治颓势已经初露端倪。

西方文明的文化、政治和科学词汇主要诞生于这一时期：现代西方语言中仍然存在大量的希腊语，它们涵盖了政治、艺术、科学和宗教等极其丰富多样的语义领域即是明证。从使用“民主”一词开始，使用这些数不胜数的希腊单词不仅证明了古典遗产无比丰厚，也见证了每个概念历经几个世纪所发生的转变，以及对其意义与其原始含义相比发生演变的思考。如果说诞生古代民主的城邦与我们如今各种各样的国家模式和生活方式截然不同，那么古希腊的“教化”（paideia）——全面教育和具有广阔视野的人文文化——也与今天的教育有着根本的区别，现在的教育主要侧重于专业化教育。

雅典民主的重要时间节点

公元前594年

梭伦当选执政官 他剑指平等的多项法律改革迈出了未来民主政体的第一步。

公元前510年—公元前507年

民主萌芽时期 僭主希庇亚斯的倒台使得克利斯梯尼的民主改革得以在雅典实施，直到公元前507年。

公元前462年

限制特权 厄菲阿尔特批准了一项反对刑事法庭中贵族权力集中的法律。

公元前443年—公元前429年

伯里克利政府 在这位执政官的领导下，雅典的民主制度在政治和经济方面臻于极盛。

公元前404年—公元前403年

三十僭主统治 这个寡头政权建立后的一年时间里便废除了雅典的民主制。

公元前322年

民主的终结 在由马其顿执掌下的希腊，雅典的民主制被金权政治所取代。

雅典的民主和文化相互交融，你中有我，我中有你，由此界定了新的知识空间，使它们各自起作用的领域爆发式增长，并开创了诸多先例，这些先例在随后的几个世纪中经久不衰。在古典希腊历史上的所有事件中，在雅典建立的民主制度，无疑影响最为深远，而民主制度从古至今所引发的关注延绵不绝。

古典希腊的遗产在我们的日常生活中历久弥新；每个时代都对它进行了改造、调整和重新阐释，所用的方法千差万别，这也正是古典希腊遗产存在于当下无可辩驳的明证——如果还需要证明的话。

同样，希腊也把它对过去抱有批判性的观点传给了我们。对真理［无蔽（alètheia）］的不懈追求是古典时代希腊人的一贯愿望，代表了人类伟大的精神成就之一。

公元前 6 世纪的改革

关于谁才是雅典民主宪法的作者，自古以来众说纷纭。一些人认为民主制度的伟大缔造者是梭伦（约公元前 638 年—公元前 558 年），他们将梭伦视为财权政治制度的创造者，认为梭伦将社会代表权和权力行使建立在财产多寡之上，对摧毁唯出身论

雅典卫城

早在古希腊时期，雅典卫城不仅是雅典政治生活的中心，同时也是遭受入侵时的避难所。从公元前 6 世纪开始，人们在这里建造神庙和雕像，庆贺这座城市的成就。但直到公元前 5 世纪，在伯里克利的统治下，雅典卫城才成为雅典的骄傲。

的贵族政治垄断做出了决定性的贡献。这是城邦向社会所有成员敞开的序章，使社会所有成员凭借其经济状况和活动证明自己有能力参与公共事务管理。梭伦的立法大业，由于加强了身份认同的联系，为当时岌岌可危、处于分裂边缘的雅典得到统一做出了巨大的贡献。

凭借这位具有传奇色彩的雅典领袖建立的宪法和共识基础，一个卓有成效的政治机构得以形成，它对各种改革主义潮流兼收并蓄，同时能够将贵族阶层纳入政体，而贵族仍然是在集体责任制中起到标杆作用的社会群体。

事实上，纵观雅典民主制度的兴起始末，民主制度历经了漫漫长路，其中的各项政治举措均旨在解决公元前 7 世纪和公元前 6 世纪突出的深刻的社会关系。可以说，这种新的政治制度的起源可以追溯到梭伦提出的宪法措施，而自由思想的基础则是在僭主庇西特拉图父子掌权时期形成的，并凭借克利斯梯尼的改革达到鼎盛。

在雅典，社会动荡表现在三个主要方面：第一个方面是对土地和在地方行政机构中的代表权的争夺；第二个方面是新的城市阶级和农村阶级之间的竞争；第三个方面则是贵族家族，即所谓世袭贵族之间根深蒂固的冲突，这些贵族主导着政治格局。紧张的社会关系在公元前 6 世纪初引发了第一次改革，人们推举梭伦担任立法者（nomothetes）和存在冲突的不同群体之间的调停人（diallaktés）。我们可以在梭伦身上看到传统的政治和诗意的智慧，他既是一位抒情诗人，又是名声赫赫的希腊七贤之一。梭伦史无前例地在致力于回应大众阶层诉求的同时，保留了贵族的某些特权，其目的是避免不合时宜的停滞，避免可能导致血腥内战的社会对抗。

梭伦的金权政治宪法包含着重要的社会经济和宪法改革。在社会经济方面，梭伦根据公民的财产和收入将其分为四个生产等级，并通过减免债务（seisachtheia）重建社会正义。通过减少税务减轻司法压力废除了债务奴隶制，债务减免意味着雅典最受压迫的人口立即摆脱了经济负担。在宪法方面，梭伦改革了国家行政机构的结构：要求国家行政机构对中产阶级占主导地位的公民大会（Ekklesia）负责。事实上，所有公民都有权参加公民大会并成为法院（Héliée）的成员。此外，议事会（Boulè）也会召开会议，这是一个由 400 人组成的更为精简的团体，每个等级各选

100 人。最后则是亚略巴古，它是古代贵族议会的延续，是一个贵族院，是雅典贵族的堡垒，并起到宪法法院作用。在梭伦时期，最终贵族世家保留了议事会中的席位和最重要的裁判权，但大众阶层则能够进入大会和法院。

雅典的社会冲突是普遍不和谐背景的忠实体现，雅典的社会冲突并没有在梭伦的改革中彻底得到解决，在整个公元前 6 世纪，这些社会冲突使得各大家族和各社会阶层之间产生了一系列政治动荡，最终迎来了一段暴政时期。庇西特拉图（约公元前 607 年—公元前 527 年）是一位在对梅加拉的战争中表现突出的雅典贵族，他在公元前 6 世纪中叶成功地在城市中云谲波诡的激烈斗争中，不断加强自身实力，短短几年内就成为僭主。为了赢得人民的支持，他开启了文化和公共事业活动，并改革了国家财政制度。虽然他一直未能稳居高位，但却成功地将自己巨大的影响力传给了他的继承人希庇亚斯和希帕克斯。然而，公元前 514 年，他的儿子希帕克斯被“弑僭主者”哈莫狄奥斯与阿里斯托吉顿暗杀，再次使雅典政治格局天翻地覆。希庇亚斯的统治一直持续到公元前 510 年，当时阿尔克马尔尼德部族在斯巴达的军事支持下，终于将他驱逐出境。

虽然看似矛盾，但正是在庇西特拉图和他的儿子们的暴政统治下，雅典走向民主的步伐获得了新的推动力。从今人的目光凝视过去，这一时期应该是较有利于巩固人民（dèmos）的政治抱负的时期之一。

暴政造成了专制主义长期横行，在这段时期的最后几年成功地使许多名门望族远遁城市之外，因此使他们远离了政治决策圈，极大地削弱了雅典贵族的势力，加速了其“去政治化”，这个词从字面上来看意为“不再是城邦的一部分”。

这一过程除了造成权力真空外，还成功地施行了新的参与规模，赋予了人民新的特权，而在此之前，这些特权完全掌控在地方名流（eupatridai）手中。

克利斯梯尼和阿尔克马尔尼德人

弑僭主后，雅典民主制度的建设没有遇到太多障碍。克利斯梯尼（生于公元前 570 年左右）是新生民主政体的第二位重要人物，他的威望之所以得到巩固，一方

希腊最早的法律：《格尔蒂法典》

19 世纪末，人们在克里特岛南部的格尔蒂发现了一套法律汇编，时至今日，它仍然被视为古希腊法律保留最完整的样本。这一法律文本意义巨大，因为它反映出希腊人前无古人的意愿，那便是对民事事务进行规范，不仅如此，它还是西方法律史上的第一个里程碑。

《格尔蒂法典》是一部刻在12块石板上的不完整文本。这是一套非常混杂的法律，撰写于公元前5世纪上半叶，杂糅了与其写作同时代的法律以及更古老的文本，其中一些文本早于雅典梭伦执政时期。这套法律的诞生及发展得益于一个足够先进的社会，这样的社会需要相对复杂的民法戒律。因此，碑铭中的文本涵盖了对财产和世袭权力的规范，而且还界定了婚姻、离婚、儿童监护和收养的法律框架。

插图 与第十一栏相对应的《格尔蒂法典》片段，其内容涉及与继承有关的法律（现藏于巴黎卢浮宫博物馆）。

面由于他在战场上展示出的天赋和能力，另一方面由于他的家族所拥有的巨大财富，其影响范围远远超出了其家乡所在的地区。这提醒我们应该认识到，民主的起源也取决于外部政治因素——雅典面对外国势力取得的军事胜利，以及随着舰队的发展而开始的第一次商业扩张就是证明。

克利斯梯尼属于阿克麦翁尼迪（Alcméonides）家族，是传统上领导雅典政治的贵族家族之一。他的父亲麦加克勒斯（Mégaclès）自从在库隆（Cylon）起义事件后就一直“厄运缠身”，他是一位在麦加拉地区（Megara）受到人民喜爱的贵族，曾试图发动政变在雅典建立僭主统治。麦加克勒斯因为下令诛杀了在雅典娜神殿避难的

库隆叛乱的支持者，而被指控侵犯了庇护权。这一行为被认为是对庇护所神圣法律的亵渎，德尔斐神谕对麦加克勒斯降下诅咒，阿克麦翁尼迪家族被迫流亡了一段时间。一些学者认为这些事件发生于公元前 7 世纪是错误的，实际上，这些事件发生的时间比这更晚。

库隆叛乱是公元前 6 世纪一个典型的内讧事件，从历史学的角度而言，库隆叛乱发生于庇西特拉图时期。

阿克麦翁尼迪家族中的麦加克勒斯因为在雅典娜神殿诛杀支持者而被指控犯下了亵渎罪，他很可能是庇西特拉图的同时代人。希罗多德和修昔底德提供了最接近事实的资料，他们确认在公元前 510 年僭主统治结束时，仍有库隆起义的幸存者。

阿塔罗斯柱廊

雅典的政治机构和公共讨论场所都集中在城市中一个较小的范围内，包括露天集会所、法院和门廊。阿塔罗斯柱廊是唯一保存下来的，完成时期较晚（公元前 2 世纪）。

德尔斐神示所，伟大的希腊圣地

发出神谕的神示所是人与神灵交流之所。人们可以在这里上达天听，通过神庙神圣守护者的声音，便可获得神的答复。德尔斐神示所是希腊人最负盛名、备受推崇的神示所。

德尔斐神示所早在公元前8世纪就已经名声显赫。随着一个世纪后阿波罗神庙的建成，德尔斐成为泛希腊地区的圣地，而阿波罗神庙正是这里所供奉的神灵。每个月，通过他的女祭司皮提亚之口，阿波罗将他的神谕传达给那些前来询问的人。传统上，神谕的格式为六音步诗文，内容往往高深莫测，反映出了神明的性格特点。询问神谕十分重要，围墙内存放的众多宝物即证实了这一点：主要城邦供奉了多座小庙宇。

插图 右图，阿波罗神庙的景象；左图，德尔斐的奥姆法洛斯，一块象征着世界之脐的石头（现藏于德尔斐考古学博物馆）。

这段时期似乎从头至尾都是按照有利于庇西特拉图的运作方式发展的，他两次在雅典夺取政权都失败了。希罗多德将库隆政变放置在庇西特拉图僭主统治彻底巩固之前，因此可以推断这一事件发生在公元前555年第一次驱逐这位具有雄心壮志的贵族之后不久。对于这位日后的著名僭主而言，库隆似乎恰是一块打造宝剑之锋的磨刀石。

毫无疑问，这些事件叙述中所含有的寓言色彩是由于僭主希望神化阿克麦翁尼迪家族，并借以宣传。这个家族曾支持梭伦，反对庇西特拉图，在支持雅典自由的同时，与其他城市的僭主都一直保持着良好关

系——雅典改革者克利斯梯尼是僭主西西昂之孙，就证明了这点。

起初，当庇西特拉图成为雅典的领袖时，阿克麦翁尼迪家族试图与其共享权力，但他们很快就站到了反对派一边。经过长达10年的权力斗争，庇西特拉图终于聚集了强大的军事支持和充分的资源，迫使阿克麦翁尼迪家族最终流放，导致在公元前546年阿克麦翁尼迪家族失势倒台。这次流放使阿克麦翁尼迪家族年轻的克利斯梯尼开始崭露头角。

如果说阿克麦翁尼迪家族从这些权力争斗之中学到了一点什么，那就是获得德尔斐神谕的支持对于政

阿波罗神庙的女祭司

德尔斐的女祭司拥有巨大的权力：许多最重要的政治决定都是通过她们做出的。

插图　公元前430年装饰着纪念德尔斐神谕仪式行列的双耳爵（现藏于费拉拉考古博物馆）。

雅典娜：给世人建议的女神

在雅典，这位神灵被认为是国家、公民大会和大氏族（Phratries）的保护者。《马太的雅典娜》雕塑是公元前 4 世纪中叶希腊原作的罗马复制品，归属于西菲索多特斯或尤菲拉诺（现藏于巴黎卢浮宫博物馆）。

治上取胜而言不可或缺：而正是克利斯梯尼一直支持着神示所，并在公元前 548 年的大火之后资助了神示所的重建，获得了让斯巴达来雅典结束希庇亚斯暴政的德尔斐神谕。正如希罗多德所记述的，"雅典人凭借财富，从皮提亚那里获得了这样的机会：每当有斯巴达人来请求神谕的时候女祭司皮提亚总是给他们一个相同的答案，神的旨意是让他们来解放雅典"（《历史》第五卷，63）。在希腊，宗教和政治有着密不可分的联系。

由于在庇西特拉图死后，雅典人对僭主政治的反感日益增强，庇西特拉图的儿子和继任者希庇亚斯试图与敌对的贵族家族和解。但在希帕克斯被暗杀后，镇压变得更加猛烈，由于德尔斐神庙的干预，斯巴达人最终为推翻希庇亚斯贡献了力量。然而，阿克麦翁尼迪并未能立刻回归，克利斯梯尼也不是立刻登上了权力的巅峰：

他必须对雅典人日渐强烈的改革要求做出回应，而要做到这一点，他必须首先面对最保守的贵族派别。

驱逐僭主后，雅典只剩下两派，正如希罗多德所说："阿克麦翁尼迪家族的克利斯梯尼，据说他能收买皮提亚和出身名门望族的提桑德（Tisander）之子伊萨格拉斯……此二人皆为城市两派领袖。"（《历史》第五卷，65）克利斯梯尼凭借宪法改革建议赢得了人民（dèmos）的支持。为了挫败这些尝试，伊萨格拉斯巧妙地利用了同样的武器——他诉诸宗教传统谕令斯巴达前来干预。

他成功地使克利斯梯尼之前的保护者斯巴达国王克里昂米尼，转过头反对这位未来的改革者，克里昂米尼以克利斯梯尼被自库隆叛乱以来一直笼罩在阿克麦翁尼迪家族头上的诅咒所玷污（enages），而一直未能去除污名为由将克利斯梯尼流放。

在这之后，斯巴达人组织了一场针对身在雅典的克利斯梯尼党的暴力镇压，流放了伊萨格拉斯指定的700个家庭。传说，当斯巴达国王克里昂米尼想要攻占雅典卫城时，他起身在雅典娜的祭坛前祈祷。祭司则用庄严的语气大声呵斥道："退后，斯巴达的陌生人，退后，不要试图进入这个禁止多利安人进入的圣地。"（《历史》第五卷，72）

斯巴达人试图在雅典建立一个寡头政权：他们解散了公民大会，将权力交给由伊萨格拉斯的300名支持者组成的理事会。但他们低估了当时雅典盛行的民主情绪，雅典人起义了，最终达成协议，斯巴达人应该放弃这座城市。留在卫城的伊萨格拉斯的拥趸被判处死刑。以伊萨格拉斯为代表并得到斯巴达支持的寡头政治最终只能让步。流亡者被召回雅典，人民批准了克利斯梯尼的改革。

克利斯梯尼改革

大多数历史学家认为克利斯梯尼采取的行动是雅典政治制度民主化的决定性一步，因为他对部落的改革实际上涉及新的选区划分。这有助于削弱雅典农村人口与部分贵族之间的联系，因为根据理性和抽象的参数授予公民权使得公民得以从当地贵族的“收买人心的举动”中解放出来。同时，通过建立一个新的代表机构，人民代表的权力得到了加强。

由克利斯梯尼领导的著名的宪法改革在公元前 507 年左右得以施行，这有助于平息社会冲突。这些改革内容旨在对城邦行政组织结构进行彻底变革，结束分裂传统部族并导致暴政的沉重敌对。四个部落或宗族被十个部落所取代，这些部落被划分为村社（dèmes），村社是过去已经存在但又经过重新规划的领土区域。雅典的影响力辐射范围被进一步划分为三个不同的区域：城市（asty）、沿海（paralia）和内陆（mesogeia）。

这种选区的重新彻底划分旨在改变对城邦的归属感，在领土权力面前，通过减少家族宗族的影响，使得雅典从一个由不同阶级构成的社会转变为一个由公民构成的国家。

这些法律从制度层面而言，实现了立法机构改革，引入了抽签选举，其施行抽签选举的目的是避免政治受到各大家族的影响。议事会的成员人数固定为 500 人，每个部落有 50 名议事会成员，议事会逐渐向规模更大的民众阶层开放——但这并没有妨碍贵族阶层仍然保持着明显的优势地位。除了立法职能外，议事会还被赋予了管理职能：一方面，它通过追诉被认为不公正的法律来监督法律体系；另一方面，它通过回避可能滥用权力的法官或公民来管理具体的个人。克利斯梯尼立法的关键思想是实现均法，即在所有公民之间公平分配义务和权利，即力量或统治（kratos）；这项立法通过削弱贵族的影响，为更多人参与的制度铺平道路。该词将成为政治方面的主题词。

古典时期早期的雅典，其面积与今天的卢森堡相当，其经济依赖状态也十分令人担忧。雅典的农业无法满足不断增长的人口的需求，雅典的食物供应依赖于外部地区——人口的增加是由制造业（ergastria）和贸易推动的。古典雅典依靠奴隶制，以及对其盟国日益暴虐的海上和军事统治而生存。从表面上看，是人民在许许多多的大会中执掌着国家的政权，但实际上贵族们却拥有很重的话语权，而演说家们或

克利斯梯尼和机构改革

克利斯梯尼被任命为执政官，公元前507年，他发起了民主改革，其主要目标是实现“均法”（isonomie），即全体公民平等划分权利和义务，限制阶级特权。他不满足于仅对自庇西特拉图的僭主统治以来已经有些不大适用的雅典宪法进行改革，他还鼓励公民积极参与并调整了阿提克地区的行政管理，使所有公民参与其中，并防止权力集中掌握在少数人手中。

抽签选举

雅典有众多的法院，为了公正无私地组建法院，消除腐败风险，施行了一种复杂的抽签选举制度。为此，使用了投票机（klérôtérion），这是一块开有多列凹槽的石碑，人们将薄铜签（pinakia）投入凹槽中，薄铜签是身份牌：铜制或木制薄片上写有公民的名字和他所属的村社。将薄铜签投入凹槽格内后，让白色或黑色的小球从投票机一侧的管道降落。根据候选人身份牌获得的小球颜色决定是否被选中。

插图 公元前3世纪的投票机（现藏于雅典阿哥拉博物馆）。

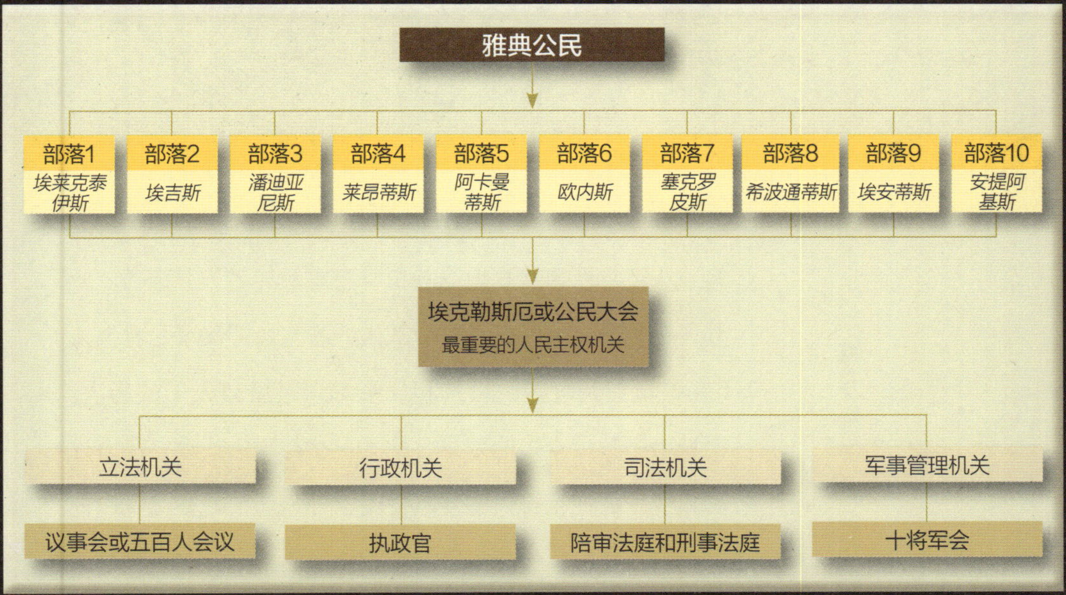

部落 克利斯梯尼将雅典公民划分为十个部落，尽可能使成员差异最大化。这些部落均以神话中的缔造者为名。

埃克勒斯厄或公民大会 它拥有最重要的权力：批准法律、任命职务等。雅典的所有公民都可以成为公民大会的成员。

议事会 成员从400人增加到500人（每个部落50人）。执政官以抽签的方式从各部落的候选人中选出。

陪审法庭和刑事法庭 陪审法庭由公民大会成员中抽签选出的6000名陪审法官组成。陪审法庭的权力是削减了贵族刑事法庭的权力获得的。

十将军会 雅典军队由十将军或指挥长统率。十将军由公民大会选举产生，各自代表雅典十部落之一。

古典雅典的权力席位

随着民主制度的建立，大量公民参与到政府机构当中。积极参与政治和司法生活的人口比例如此之高，以至于城市不得不建造大型建筑以合理安排公共空间。下图是阿瑞斯岩，即刑事法庭所在地，从这里可以看到雅典卫城的壮观景象。

多或少还算严肃认真地以其自身意志领导着公共事务。此外，在雅典，公民权是极少数人的特权，即父亲是雅典人（在伯里克利时期，母亲和父亲都须是雅典人）的男人。而城市中数量众多的奴隶，均不得参与政治活动，还有外国人或“居住在雅典的外国侨民”——通常是富商——他们没有公民权，但却可以参与社会生活。妇女没有任何政治权利。据统计，在古典时期的 47 万名雅典居民中，只有约 5 万名是合法公民（politai）。

但克利斯梯尼建立的雅典制度，其主要特点在于公民有权不通过任何中间人参与公共事务，无论是制定法律、

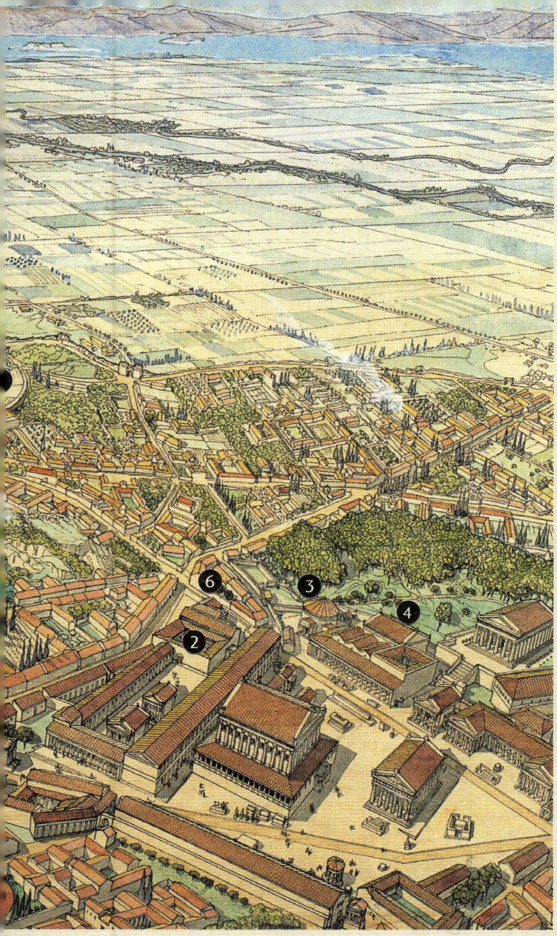

❶ **普尼克斯山** 靠近亚略巴古的岩石山，雅典公民大会就是围绕着一座两侧建有台阶（bêma）的半圆形平台举行的。正是在这里产生了所有影响整个城邦的政治决策。

❷ **法院** 这里是人民法院的所在地，人们在这里讨论法律和财务事务。每年通过抽签的方式选出6000名公民在此参与城邦法律生活。

❸ **公民大会会场** 雅典的政府所在地，议事会或五百人会议的代表在此召开会议，这些代表从每个部落中选定。议员居住在那里，费用由城邦承担。

❹ **议事会** 五百人会议所在地，五百人会议在克利斯梯尼改革后建立。起初它被认为是雅典真正的管理机构，因为它拥有立法权和直接决定城邦事务的权力。

❺ **亚略巴古** 亚略巴古贵族法庭成员就在此山召开会议。在雅典的民主获得发展之前，其影响力无与伦比，但经过克利斯梯尼的改革之后，其权力逐渐丧失。

❻ **十将军会** 雅典战略家、每年由公民大会选举出的高级民事将领召开会议所在的建筑。因此，它是军事权力机构。漫长好战的公元前5世纪和公元前4世纪，十将军会的重要性与日俱增。

担任公职还是管理司法。与现代议制民主国家相比，雅典公民直接参与了三个基本机构：公民大会、议事会和司法法院。公民大会或埃克勒斯厄是最大的立法、行政和司法机构，其运作按照法律规定至少需要 6000 名公民（但这个数字可以达到 40000 名）。公民大会定期开会——每年 40 余次——但也有临时召开会议的情况，任何公民都有权在会议上发言。作为雅典主权的中枢机构，其决定具有法律效力，且不得上诉。如前所述，议会或议事会规模更小：500 名公民，代表阿提卡 10 个地区或部落（phylai），每月抽签产生 50 名成员。所谓的议员（prytanie）管理公民大会，议员的生活费用由城市承担，每天抽签决定大会主席（epistate），主席掌管国玺和国库钥匙。议事会准备立法活动，任何公民均有权提出法案。法院由每年从公民中抽签选出的6000名法官组成，既是审计法院又是宪法法院，起到司法机关的作用，其还应负责监督政府的行为是否符合现行法律。从已有的数字可以看出，每天至少有12500名公民通过这三个机构参与政治。除此之外，还应该加上其他公职人员。然而，正如当代批评家已经看到的那样，并非一切都运作正常。

正如亚里士多德在《雅典宪法》中所介绍的那样，他认为有一项创新要归功于克利斯梯尼改革，那就是陶片放逐法。这种为了实现城邦内部稳定而驱逐存在潜在危险的公民的程序，得名于陶片（ostraka），人们将被告的名字写在陶片上。陶片放逐法被认为是一种保护民主的手段，民主在发展早期仍然受制于拥护君主制的敌对势力和企图建立僭主政治的少数人。陶片放逐法大约在公元前506年推出，但在其设立之后的20年里却从未动用过，几乎过了整整一代人的时间，才真正获得实施。陶片放逐法决定放逐的人员需要流放10年，但并不会失去财产和公民身份。被放逐的人不得进行任何辩护：驱逐令是雅典人民的直接命令。事实上，大多数时候，陶片放逐法起到的是防范作用，用于驱逐那些倾向于过多攫取个人权力的政治家。例如，在两次战争期间保守派兼亲斯巴达人士客蒙就是由于这样的原因遭到流放的。

无论如何，克利斯梯尼的改革都有助于加强雅典社会内部凝聚力和团结。这些改革还建立了一个坚实的宪法框架，使敌对的社会团体更容易达成协议，在宪法框架中，决策权主要在公民大会和议事会，拟议的法律如要生效，就必须获得公民大会和议事会的事先批准。除了这些机构之外，还有法院，即确保法律得到遵守的所有司法法院的总和。法官以合议制的方式任期一年，并对其行为负责。国家代表是通过抽签或公民大会选举产生的。亚略巴古（古代的贵族议会）的权力受到限制，允许越来越多的公民担任公职。

民主的胜利：多数人投票，政治说服力

民主得以建立、公民大规模参与以及对法律充满热情，这一切使得从此之后规范雅典所有法律和司法程序的各项准则获得施行。

在阿提卡城，公民大会和审判均涉及许多雅典人，这正是公民参与城邦政治的最高表现。为了使埃克勒斯厄做出的决定得到批准，一项提案必须获得最低数量的投票表决；类似的要求也适用于法院的判决，在判决时至少要有201名法官投票。在听取了各种提议后，进行投票环节：在埃克勒斯厄以举手方式进行表决，在法院则以无记名投票方式进行表决。投票之前，每位发言者都按照规定的发言时间和演说程序阐明自己的立场。在公民大会上，任何公民均拥有合法的发言权；想要说服公众，就必须认真准备。在审判中，相关人员都必须发言，因此当时存在专门撰写演说稿的专业人员——演说稿或辩词撰写员。正是在这种雅典的政治参与背景下，诞生了亚里士多德在其《修辞学》中定义的三种修辞论证（审议式、司法式和辩论式）的分类和结构。

插图　上图，公元前337年的石碑，上面刻有反对僭主政治的法律（现藏于雅典阿哥拉博物馆）；右图，公元前5世纪的漏刻，即计时器，用于演讲计时。

民主的巩固

为了勾勒出雅典民主制度在随后几年中获得巩固的情况，有必要将目光投向克利斯梯尼所采取的措施之外。首先，有必要考虑在马拉松（公元前 490 年）和萨拉米斯（10 年后）战胜波斯人后对城市社会和政治凝聚力方面的影响。军事上的胜利和新的机构确实带来了质的飞跃，毫无疑问，这种飞跃化解了雅典旧有的社会经济冲突。人们经常强调自公元前 5 世纪伊始，雅典的军事扩张和民主模式的发展并行不悖。事实上，在分析使雅典走向辉煌的各种因素时，我们必须牢记一点，那就是阿提卡领土上个人自由的进步与该地区日益扩张的外交政策的侵略性之间存在着关联。实际上这两项政策密不可分，尤其是所有公民不分阶级全都被卷入战争之中。反过来，雅典的扩张显然为这个民主城市提供了经济方面的支持。因此，雅典的霸权通过其民众的政治和军事参与得到了增强。

公民参军以及重装步兵和水手的形象，为国家事务的参与感增添了活力。和所有古代城市的军队一样，当时雅典的军事力量部署反映出社会阶层的划分：骑兵由贵族组成；构成公民主体的步兵中的重装步兵，是自古以来战争的命脉，这些人员都是从中产阶级中招募的；而舰队的船员是军队中的新元素，他们是从最贫穷的公民中招募的。因此，军队是雅典在军事上最大的社会，也是在政治上整合的一个熔炉。小农阶级和城市无产阶级因此获得了公共地位。

其次，伯里克利时代之前的主要政治人物表现出了即使在民主制度中仍然存在的以客蒙为代表的保守主义和以厄菲阿尔特为代表的激进主义之间的紧张关系；前者被陶片放逐法流放，而后者则颁布了一项打击把持亚略巴古的贵族特权的法律，建立了民主政府。此外，商业帝国的扩张为雅典提供了丰富的人力和物质资源，这有助于彻底巩固这座城市的权力。在国际层面上，雅典政治家阿里斯蒂德在公元前 477 年推动成立了一个海上联盟，即提洛同盟，负责共同防御波斯人可能发起的攻击。随着联盟的巩固，加之基于殖民化或建立“宗主国”的扩张主义政策，雅典实现了军事上和商业上在越来越多的盟友圈中巩固自身霸权。

最后，通往民主的漫漫长路得到了这些改革者的护卫。面对庇西特拉图王朝，阿克麦翁尼迪家族，尤其是克利斯梯尼，为民主解决方案的落地实施铺平了道路。然而，我们不能忽视人们对阿克麦翁尼迪家族的评价毁誉参半，这个强大的家族似乎从最古老的时期就遭人环伺：一方面，它是雅典自由的堡垒；另一方面，它又是一个阴暗传说的主角，该家族的众多著名成员遭到流放就反映了这一点。反映阿克麦翁尼迪的阴暗面的一个重要例子是库隆事件后受到了宗教诅咒，据传，必须由著名的预言家埃庇米尼得斯方能解除诅咒；但流传更广泛的指控是，阿克麦翁尼迪家族曾贿赂德尔斐的女祭司，让其谕令斯巴达人推翻庇西特拉图家族。甚至有人说，在马拉松战役中，阿克麦翁尼

重装步兵和社会

重装步兵崛起和舰队重要性日益增强，以此为特征的军队在古典希腊时期的社会和政治变革中发挥了重要作用。

插图 公元前 5 世纪科林斯陶器的细节，战斗中的重装步兵（现藏于巴黎卢浮宫博物馆）。

雅典人的财富

希腊城邦在公元前5世纪蓬勃发展，城邦进口最昂贵的材料，然后在其手工艺工坊中进行加工，例如，这些公元前4世纪的金吊坠（现藏于塔兰托考古博物馆）。

迪家族在适当的时机，利用盾牌反射阳光，向波斯人——以及当时流亡在波斯的僭主希庇亚斯——发出信号，助他们一臂之力。然而，希罗多德呼吁合情合理地重新理顺事实真相，而把前述内容称为诽谤。这位历史学家指出，如果认为阿克麦翁尼迪家族费尽心力将庇西特拉图家族驱逐出雅典，是为了迫不及待地出卖他们为之英勇奋战而取得的自由就太荒谬了，与弑僭主者哈莫狄奥斯与阿里斯托吉顿相比，他们是更坚定的自由捍卫者。阿克麦翁尼迪家族之所以声名显赫，是因为他们的野心无与伦比，而对这个家族理想化和妖魔化的描述，也正来自他们的这份野心。

因此，这个家族的命运与在其最杰出的成员之一克利斯梯尼令人瞩目的推动下诞生的民主制度的命运相辅相成——这个制度本身就颇为矛盾，一方面，在伯里克利时代自由和文化取得了辉煌的成就；另一方面，由于其内在的诸多弊端，经过漫长的发酵，最终在伯罗奔尼撒战争中走向衰落。但现在距离雅典民主制度的衰落还很远，在诞生之际，雅典民主和整个希腊及其城邦不得不努力在东地中海的世界中占据一席之地——甚至不得不努力谋得一线生机。它们必须面对的是众多强大的邻国，尤其是古代世界最令人闻风丧胆的政治和军事机器——波斯人的多民族大帝国。

民主的神话

在巩固雅典新政治制度的同时，可以称之为“雅典民主的神话”，即个人为城邦服务的鼎盛时期值得我们思考。这个神话的起源可以追溯到上面提到的僭主政治和弑僭主的时代。起初，一切不过是因为嫉妒，到最后以阿里斯托吉顿和这一作品可以追溯到公元前6世纪，是希腊最古老的马术雕塑。这座雕像展示了一位血统高贵的人，有人认为这是庇西特拉图被弑僭主者弑杀的儿子之一（希庇亚斯或希帕克斯）。该作品于1877年由乔治·兰宾在雅典卫城发现，因此以其名字命名。雕塑的头部保存在卢浮宫博物馆，而作品的其他部分则保存在雅典的国家考古博物馆。1936年，考古学家汉弗莱·佩恩将这两块碎片拼放在一起。

哈莫狄奥斯弑杀僭主希帕克斯而告终。庇西特拉图的另一个继任者是他的兄弟希庇亚斯，他决定以铁腕来统治这座城市。通过高压手段取代以前被认为是可容忍的权威，他收获的是公民的憎恨。驱逐僭主被视为一种解放，哈莫狄奥斯和阿里斯托吉顿在反对专制的斗争中被视为自由的捍卫者。

但在公元前 5 世纪，“僭主政治”一词被用作政治口号，并被雅典民主制度的敌人所同化，导致该词的历史内涵被弱化，逐渐失去了原有的意义。神话过去大行其道。肯定民主的繁杂过程要求具象化的典范和身份归属的标记。阿里斯托吉顿和哈莫狄奥斯，这两位反对庇西特拉图王朝贵族的历史人物，首先被当作平等民权的代言人，之后又被称为民主制度的推动者，他们很快被提升至神话人物的高度。他们就这样成为城邦的象征，并在雅典的历史记忆中获得了荣誉地位。

事实上，在公元前 5 世纪的艺术创作中，一个绘有色彩鲜艳场景的巨大石雕瓮作品脱颖而出，这一作品表现的正是阿里斯托吉顿和哈莫狄奥斯弑杀僭主希帕克斯的场景。乍一看，公元前 514 年发生的这一事件似乎与其他属于陶瓷制品常见的同样悲惨的场景有关，如《伊利亚特》中宙斯之子萨耳珀冬之死（仅以这一著名场景为例）。然而，这两幅图案之间存在着巨大的差异。萨耳珀冬之死很明显是一个神话形象（谁能确切地知道萨耳珀冬生活的年代），而雅典弑僭主事件却完完全全是真实的历史事件，就发生在这一作品完成之前不久。这件陶器在创作以及在雅典传播的时候，许多记得该事件的人尚在人世。人们第一次将具有重大历史意义的真实事件引入一个以前只能展示神话传说的领域中。

除了一些属于同一系列的瓮之外，关于希帕克斯死亡场景的描绘也以其他形式在雅典流传。同一主题的另一个例子是公元前 510 年纪念弑僭主英雄的雕像群，这件作品气势更加雄浑，具有更重要的政治和文化意义。艺术家安特诺的这件作品位于雅典的阿哥拉，我们之所以知道这件作品，是因为有一个更晚时期但相当准确的复制品。

对比彩陶和纪念性雕塑，可以清楚地看到一个无可争议的历史事件和人物进入了传统上保留给神话领域的空间。由此可以得出结论，所叙述的历史时刻，或者换言之，被推上公共舞台的那一刻，已经跨越了历史和神话之间的壁垒。阿里斯托吉顿、哈莫狄奥斯和希帕克斯在这一刻与奥莱斯忒、尤利西斯和赫拉克勒斯融为一体，并驾齐驱。从这些人物和事件所暗示的内涵来看，雅典为自己对历史的看法有着精细的谋划。因此，阿里斯托吉顿、哈莫狄奥斯是被社会首次用于宣传的历史人物。他们为其他许多人铺平了道路，如地米斯托克利或伯里克利，他们的雕像象征着为城邦服务的个体的伟岸。我们刚刚见证了雅典民主神话的诞生。

弑杀希帕克斯

几乎不可能精确地推算这一事件发生的准确日期，因为整件事件的起因乏善可陈：激情犯罪。在一场桃色事件中，阿里斯托吉顿和哈莫狄奥斯诛杀了希帕克斯。希庇亚斯为给兄弟报仇，组织了一场暴力镇压，此举大大改变了他之前一直展示出的温文尔雅的形象。僭主政治的性质变化，令人认为诛杀希帕克斯是一个出于政治理由而实施的行为，但事实显然并非如此。面对镇压，庇西特拉图家族的统治信誉扫地，葬送了手中的权力和享有的威望，沦为暴力政权的变种。从那时起，弑杀僭主的主题不断被重新诠释，使得阿里斯托吉顿和哈莫狄奥斯成为自由的捍卫者，同时也成为真正的政治信息传递者。

因此，将弑僭主者作为英雄宣传的过程开始了，很快人们就为纪念他们的行动修建了纪念碑。恰恰是这种在雕塑构图中更多出自想象而非亲眼所见的壮举，在作品中得到了颂扬，目的是鼓励社会对这种行为的政治认同。雅典反僭主派的宏愿在这座纪念碑中得到了形象的体现，它激起了民众的民主情绪。我们知道对弑僭主者的推崇在英雄雕像之前就已经存在了。然而，在阿哥拉的这座纪念碑脚下，当时的人们崇尚一种理念：捍卫公民自由。重要的是，在弑僭主者雕像群附近禁止竖立任何其他雕像，这证明了这一作品重大的象征意义。

我们可以大体上将对古希腊弑僭主事件的加以利用和重新阐释分为三个阶段。第一阶段仍然带有贵族的仪式和想象的印记。贵族阿里斯托吉顿和哈莫狄奥斯在为他们举办的宴会上获得同伴们的庆贺，因为他们消灭了一个面目可憎的统治家族的

丧葬图案：萨耳珀冬之死

从公元前 6 世纪中叶起，雅典在掌握了新的手工艺技术后，成为重要的陶器出口国。雅典陶器的特点是图案精细、主体丰富，不仅涉及神话场景，还表现日常生活的场景，丧葬图案和英雄之死是传统主题。

“看啊，最杰出的人已经离去，萨耳珀冬，宙斯之子。”这是荷马在《伊利亚特》的结尾，讲述了神话中宙斯的后裔萨耳珀冬之死，他与特洛伊人并肩作战，被阿喀琉斯的战友帕特洛克罗斯杀死。这段话启发了大师欧弗洛尼奥斯，他以此为主题装饰了自己最著名的红色图案陶瓶。这位陶艺家凭此作品加入众多从荷马的诗歌中汲取灵感的艺术家行列。

插图 公元前515年左右制作的欧弗洛尼奥斯陶瓶装饰细节，其中睡神修普诺斯和他的兄弟死神塔纳托斯，在旅者之神赫尔墨斯关切的注视之下，取回萨耳珀冬的尸体（现藏于罗马奎里纳尔宫）。

代表，该家族阻止其他贵族在城市政府中担任要职。第二阶段是进一步推崇已经被认定为解放行为的英雄壮举，展现这一事件的雕像群即是明证。第三阶段也就是最后一个阶段，已经具有了民主的意味。自由派的贵族们成为公民平等制度的捍卫者。纪念他们的所作所为很快成为巩固完全具有民主性质的宪法的契机。

反僭主政治的意识形态和民主神话相互交织融合，在思想、形象和口号上紧密结合。僭主政治沦为集体统治的对立面，化为敌对势力的成见，为民主统治提供了理由。雅典人对建立民主十分

认同，并怀有深厚的情感，在希腊作为提洛同盟之首，对抗最充满敌意来势汹汹的敌人时，这种认同和情感得到了进一步深化。

在伯罗奔尼撒战争开战之前和战争期间，雅典不得不通过捍卫其海洋帝国和执政模式来重新确立其霸权地位。从公元前 424 年开始，在阿里斯托芬的作品中，影射僭主政治的作品倍增，反映出大多数公民对寡头政变的恐惧根深蒂固，这并非巧合。如果我们考虑一下助长这种心态的因素，就可以更好地理解这种心态：一方面，与斯巴达人的战争漫无止境，而且胜利的希望渺茫；

僭主庇西特拉图、希庇亚斯和希帕克斯

约公元前560年

庇西特拉图政府 攻占雅典卫城后，庇西特拉图第一次获得了权力。在短暂的失势后，他重获权力，统治雅典5年。

公元前556年

庇西特拉图遭到驱逐 他的盟友迫使他放弃雅典。这位僭主在马其顿和塞萨利的矿场大发横财。

公元前546年

僭主庇西特拉图 他的财富使他能够引领一支军队重回雅典，并建立政权，他的统治延续了20年。

公元前527年

庇西特拉图辞世 这位僭主在生前已经预见到他的儿子希庇亚斯和希帕克斯将在他死后统治雅典。

公元前514年

弑杀希帕克斯 哈莫狄奥斯和阿里斯托吉顿刺死了僭主希帕克斯，这象征着迈向民主的第一步。

公元前510年

希庇亚斯倒台 僭主希庇亚斯被推翻并被迫流亡。波斯国王大流士一世为他提供了保护。

另一方面，舰队这一民主堡垒几乎一直缺席，因为舰队身陷远方诸多海战中分身乏术。

神话和宣传

因此，雅典人生活在一种颇为奇怪的心理状态中，他们在爱国的自豪感和眼睁睁看着敌人摧毁自己城市的恐惧之间反复摇摆。为了抵御这种危险，他们呼吁团结起来，履行公民义务。通过神化弑僭主事件，他们创造了一个宣传平台，把整件事作为捍卫自由的表率。因此，雅典民主的神话阶段迈入历史阶段反映了意识形态对民主逐步肯定，尽管民主登上历史舞台的过程并无中断，但仍然未能使人们忘掉民主制度经历的深刻危机。利用神话将历史事实抬升至更高的地位，将这一事件认定为一种英雄壮举般的正义之行，意味着对过去的历史有了新的考量，通过一种经过选择的模式来构建历史，以形成清晰明确的身份特征。

因此，这一行为由于城市赋予它的英雄意义，以纪念碑的形式加以颂扬在逻辑上就十分讲得通了。雕塑家安特诺尔为此创作了一件艺术品，尽管不幸的是这件作品未能保存至今，但仍然取得了不朽的成就。公元前 480 年波斯国王薛西斯一世占领雅典后，将这些雕像作为战利品带回了波斯首都苏萨。

但几年后，即公元前 477 年，克里蒂奥斯和内西奥特受到委托建造一座新的纪念碑，类似于之前装饰雅典阿哥拉的那座纪念碑。这座新纪念碑是以第一座为蓝本的，这是确认无疑的事实。公民可以通过这一历史行为将自己视为城邦的一员：威胁政治共存的僭主又一次死掉了。

同时，哈莫狄奥斯和阿里斯托吉顿起初只是个人的榜样，后来成为使所有公民形成政治认同的人物，公民必须起誓承诺消灭任何可能威胁城邦稳定的僭主。这种获得公民身份时做出的承诺由一座纪念碑代表，这座纪念碑正是争取平等民权的化身，是众望所归的平等的具体表现。弑僭主者备受崇拜，他们的坟墓是专门用于纪念政治自由的纪念碑。重要的是，在弑僭主者雕像附近建造任何其他纪念碑都遭到明令禁止。在希腊历史上，人们第一次面临着政治代表权的垄断。因此，民主神话

哈莫狄奥斯和阿里斯托吉顿

公元前 477 年左右由克里蒂奥斯和内西奥特制作的雅典雕像群的罗马复制品。弑僭主者最初激情杀人的原因很快被人们遗忘，杀死希帕克斯的凶手成为雅典民主的首个象征（现藏于那不勒斯考古博物馆）。

和意识形态与雅典僭主们纷纷倒台紧密相连。在这种背景下，就很容易理解为什么引入陶片放逐法和公民大会成员必须宣誓消除任何寻求实现僭主政治十分重要了。这些设定见证了对专制的憎恶态度上升到仪式化的程度，无论这种憎恶是真实存在的还是被推定出来的，这种憎恶在每个雅典人身负与任何危及民主的人斗争的义务下达到了高潮。最令人惊讶的是，反僭主政治的示威活动并没有随着庇西特拉图家族重回雅典的威胁消失而结束。矛盾的是，正是在民主阶段的中期，即公元前 5 世纪下半叶，反僭主政治的示威活动又掀起了一波新的浪潮。

起初，对波斯入侵的恐惧似乎与希庇亚斯的回归有关，在马拉松，他和他的

弑僭主者

19 世纪的雕版画，是绘制有弑杀僭主希帕克斯的哈莫狄奥斯和阿里斯托吉顿图案的酒罐的精确复制品。这个主题非常流行，在当时无数的作品中均有体现，例如这个被人们称为“哥本哈根画家”的人在公元前 470 年左右创作的红色图案陶器上也绘制有这个主题的图案。

支持者曾加入波斯军队与雅典的重装步兵作战。在公元前 490 年，阿契美尼德帝国引起的恐慌以及对庇西特拉图家族回归的恐惧，这两个具有威力而又相互增益的因素，反映了当时的政治环境的特征在于雅典受到波斯人的压倒性霸权威胁，以及存在雅典可能重新落入希庇亚斯之手的风险。但是，波斯人带来的威胁一经消除，情况就发生了根本性的变化。后来，当爱琴海上以雅典为首的提洛同盟为中心形成了一条新的战线时，民主与另一极的力量之间出现了非常明确的二元对立关系，这一力量就是在伯罗奔尼撒联盟的旗帜下，围绕着斯巴达的寡头政治实现的联合。从这时起，雅典出现的对僭主政治的不满情绪再度回潮，就不再与波斯人或庇西特拉图家族的威胁相关。相反，这种情绪的复兴更多的是由与内部（雅典的寡头党）和外部（斯巴达、科林斯等）的敌人对民主制度的威胁所引起的。

僭主政治的负面象征作为集体执政制度的对立面，既提供了一个应该打击的敌人形象，也为雅典的民主制度提供了合法性。这种解释使僭主政治成为平等民权的对立面。最初平等民权是贵族意识形态的口号，后来演变为民主的同义词。

档案：雅典的法院和政治

虽然与今天的民主国家有很大不同，但雅典人发展出的政治、立法和司法体系是西方各种执政形式的起源。

公元前 422 年一个寒冷的早晨，太阳在雅典上空升起。法院成员们在轻薄的无袖袍外面裹紧了毛皮大衣，神色慵懒地走向他们的履职场所。在这样的日子里，在黎明时分起床可不是什么令人愉快的事儿，更不用说来处理杀害年轻的希罗德的凶手这种无可发挥的案件了。

一个法官，一张选票

法官通过将贝壳或石头放入瓮中，以及后来按照法官的选项使用空心或实心轴柄的青铜盘对被告人是否有罪进行投票。

插图 在部落建筑下发现的公元前4世纪用于投票的青铜件。

绝对多数

雅典的大量投票确保了公民的大规模参与；使用绝对多数标准本应能够避免欺诈。

插图 讲坛（Bêma），雅典普尼克斯山上的一个可以看到卫城的平台，以及锡弗诺斯人宝库楣板上表现众神集会的浮雕，公元前525年（现藏于德尔斐考古博物馆）。

但有一点是令人高兴的：推理内容是伟大的安提芬写的。几百名法官在嘈杂声中纷纷落座，他们对案件的细节进行评论：一个年轻人在从莱斯沃斯到色雷斯的暴风雨之夜的航行中失踪了，其间他喝了大量的酒。希罗德的父母作为指控者，通过动用酷刑从一个奴隶那里得到了一些信息，认为凶手是某个叫尤西特奥斯的人。尤西特奥斯被拖上法庭，他第一个发言，努力让即将审判他的人们安静下来。“首先，各位雅典公民，我将向你们表明，我完全是被非法和暴力手段送上法庭的……”（摘自安提芬《希罗德凶手的辩护词》）

这样的案例清楚地说明了公共集会在公元前 5 世纪的雅典是如何运作的。处罚建议由各方当事人自行宣布；陪审法庭由 500 名成员构成，这是一种复杂的审判法官集会制度。陪审法庭判决的最终判决无法提起上诉。政治和行使司法权紧密联系在一起，由于没有检察院，起诉往往是公民个人提出的。没有一个雅典人能够理解孟德斯鸠在公元 18 世纪提出的现代民主国家的分权制。

判刑、上诉和处罚

法院审判一般具有严格的组织条理。在根据案件的重要程度任命一些法官后，就会召开听证会，事先就确定好听证会持续的时间，并使用漏刻计时。然后，证人上前发言，法官听取证人或有利于或不利于被告的证词。这些演说意义重大，因此往往由精通这种表达方式的逻辑学家撰写演说稿。听证会结束后，法官们退场进行审议并投票。如果审议的结果是被告有罪，各方当事人——指控者和被告——都可以提出上诉，并提出与最初设定的处罚不同的其他处罚，陪审员可以同意或驳回这些建议，在苏格拉底的审判中即是如此。判决通常当场执行。刑罚差别很大，具体取决于案件性质。在私人争议中，罚款已经可以令各方满意。但是，当诉讼涉及雅典人在其政治职务上表现的态度时，便有可能在制度上具有影响，当然仅就政治制度而言，那么在这种情况下，处罚可能会更为严厉，甚至会出现驱逐——流放的判决。如果罪犯是外国人，他可能会被监禁，在刑事案件中，甚至还可能动用身体上的惩戒刑罚。在杀人案件中，即使是非故意的，也适用对等原则——由受害者的一位亲属来执行死刑判决。

插图 囚犯和守卫，公元前5世纪的陶器细节（现藏于贡比涅安托万·维维尔博物馆）。

在雅典，司法部门的工作与政治齐头并进：两者都掌握在人民的手中。组成陪审法庭（dikasteria）的法官确实都是普通公民。这些志愿者只需符合如下条件：30 岁以上的男性，父亲是雅典人，母亲是自由人（从公元前 451 年至公元前 450 年开始，父母均须为雅典人）。有一点很重要的是，陪审法官（dikastès）的形象与我们对法官的概念有着很大的不同，陪审法官更接近于陪审员，尽管不能将其混为一谈。

法官数以百计：涉及 1000 德拉克马以下金额的审判需要 201 名法官，超过 1000 德拉克马的需要 401 名法官；公法案件则需要 500 名法官之多。人数为奇数，目的是避免发生平票的情况，而平票会导致立即无罪释放。法庭总是十分嘈杂，发言者在开始发言时不得不请求各方保持安静。法官们通过将卵石或贝壳放进瓮中的方式进行投票。确定有罪的情况下，法律规定了某些惩罚，但通常是当事人中的一方——起诉人（eisangelia）——提出一种处罚，而被定罪的罪犯提出另一种处罚。监禁的刑期都不会长，一般倾向于选择罚款、死刑、驱逐、扣押财产或剥夺权利。

苏格拉底审判

雅典最著名的审判是三位公民提出的对苏格拉底的审判，这三位公民是：阿尼图斯、美雷特斯和吕孔。苏格拉底的弟子柏拉图记录了起诉的理由。

苏格拉底被指控亵渎雅典所尊崇的神灵，并引入了新的崇拜对象。他还被指控“毒害青年”（柏拉图，《苏格拉底的申辩》）。我们能够从中发现雅典法律体系的一个特点，那就是政治、经济和其他利益往往错综复杂，交织在一起。苏格拉底是公民的典范，但也常常令人感到为难，他以精妙的讽刺为自己进行了一场精彩绝伦的辩护。按照惯例，选择刑罚的时候，人们允许他提出死刑的替代方案。他表明，一位哲学家对社会来说花费甚微，哲学家的一生都应该由公共财政支付费用。判决很迅速：苏格拉底被判处喝下毒芹汁，柏拉图为我们描述了这幕场景。柏拉图在《苏格拉底的申辩》一书中，展示了大师对法官和他这一生道别的话语，如今这些话已成了传奇：“离去的时候到了，我去死，你们去活，究竟是你们还是我所去更好，无人知晓，唯有神知。”

苏格拉底之死　雅克·路易·大卫创作于 1787 年的油画，表现了这位哲学家喝下毒芹汁的情景；坐在左边的人物是柏拉图（现藏于纽约大都会艺术博物馆）。

政治权力大会（Ekklésia）和政治

关于掌握政治权力的大会（Ekklésia），有些描述使我们能够再现民主雅典立法机构典型的一天。可以想象大会的规模之大，大会在靠近雅典卫城和阿哥拉的被称为普尼克斯的石山上召开，那里有一个从岩石中凿出的半圆形平台，两侧修有台阶，被称为“讲坛”（bêma）。大会便是在这里召开的，政客和煽动家们在台座上轮流发言。讲坛前立有一个小祭坛，用于进行有着严格规定的祭祀。在会议召开之前，人们献祭上一只小动物，象征净化大会。人们还为雅典和盟友祈祷，并恳求神灵帮助在场的公民按规定进行审议，防止有人做伪证和相互推诿。

五百人会议议员和会议主席在讲坛下方就座，数千名 20 岁以上有资格参加大会的公民团团围坐，挤在一起。参会者的进场和出席都受到其他官员、6 个法官及其卫兵的控制管理，时间一到，入口就会关闭，而当众多旁观者安静下来后，就会示意大会可以开始了。

政治和宗教 在古典希腊，在祭坛上献祭是做出政治决定之前必不可少的行为。
插图 装饰有祭祀场景的希腊陶器，约公元前 540 年（现藏于巴黎卢浮宫博物馆）。

大会会议议程上的法案（probouleumata）首先需要提交给另一个“院”（Boulè）批准。在众人面前，公开宣读议会通过的法案。在宣读法案之前，需要宣读提出法案的公民的姓名和籍贯，并记录在主持会议的普里坦的凭证中。然后传令官问道：“谁想就提出的草案发言？”大多数情况下，是由提出法案或动议的公民首先发言，他会在支持者的掌声和批评者的嘘声中走上讲台。会议主席将通过给他送上具有象征意义的桃金娘花环请他发言。

政治演说家通常包括诡辩家和修辞学家。修辞学家在西西里的高尔吉亚到达雅典后在政治和哲学上获得了影响力。其他伟大的演说家，如伊索克拉底，既是政治人物，又是公开演讲和说服群众的艺术大家。他们逐渐学会了如何使群众安静下来，如何在掌声和嘘声中吸引群众的注意力，如何在适当的时候使得群众群情激奋。每个家世好的年轻人都必须学习修辞，因为修辞是投身公共事业不可或缺的工具。法案提议者或捍卫者演讲完之后，希望就此表达异见的公民依次发言，如果同一个人想重复谈及已经讨论过的话题，就会遭到限制。根据所有发言正式通告的信息，人民就可以在充分了解事实的基础上审议。

在批准或驳回法案时，需要大会以举手表决的方式进行投票。如果需要针对一个人来投票——例如选举伯里克利单人战略家，或者判处将客蒙、地米斯托克利或阿里斯提德驱逐流放——则是以无记名的方式进行投票的，人们将所选的名字写在一个陶瓷碎片（ostrakon）上，这个词来源于"陶片放逐法"（ostracisme）一词，是一种在当时雅典使用的政治驱逐措施。每年都会询问议会成员是否有哪位公民对国家稳定构成威胁的情况。如果达到 6000 名选民的法定人数，则进行投票，这位公民可被驱逐 10 年，但并不剥夺其公民权利和财产。

对诉讼充满热情

雅典人以其民主和司法系统为荣。一方面，雅典的代表性是其他城邦艳羡的，这些城邦也同样采用了这种政治模式；另一方面，雅典自认这是一种古老的审判传统，正如埃斯库罗斯的悲剧《复仇女神》中所展示的，神话中的奥瑞斯提亚向雅典娜主持的雅典法庭提告了自己的弑亲罪，并得到了审判。

政治和司法两大系统都掌握在人民手中，这构成了西方历史上最初的参与模式。因此，在公元前 422 年的这一天，法官们除了审判希罗德凶杀案之外，还必须审判许多其他案件。雅典人对法律程序兴味甚浓，经常滥用上诉、申诉和检举告发。

但随着时间的推移，我们看到了另一种人群聚集。这一次不是审判：而是天才阿里斯托芬创作的喜剧《马蜂》正在进行首演。在喜剧演出的过程里，有那么一瞬间，雅典人会自嘲。剧作家嘲笑公民对程序的狂热，并嘲笑法官的阴晴不定和他们对富人满心的敌意。在剧院里，有一幕剧的台词令观众捧腹大笑：有一个人，他对陪审极度狂热，他的儿子不得不给他治治审判和判决的疯病，让他最终恐惧厌恶这一切。另一部喜剧《公民大会妇女》则剑指公民大会：剧作家构想出一个令人称奇的乌托邦，这个乌托邦由妇女管理着城市。作者建议，也许这对大家都好。雅典的一天在笑声和掌声中结束；从法庭和公民大会到剧院，在阿哥拉[1]人们对政治高谈阔论，我们能够窥见雅典公民日常生活中民众的集会无时无刻不在。

[1] 原意为集市，泛指古希腊以及古罗马城市中经济、行政、社交、文化的中心。阿哥拉通常地处城市中心，为露天广场。——译者注

雅典法律的历程

由于实施了克利斯梯尼的改革，古典时期的雅典公民获允进入政治和司法的各个层级，并直接参与一切民主活动。一旦达到规定的年龄，公民就可以申请担任任何行政职务，行政职务是“任何愿意担任的人”（ho boulomenos）都可以申请的，任期通常为一年。每个雅典人都可以提出、讨论、驳回或批准法案，这些批准了的法案对所有公民都具有约束力。法律——从最初起草到最终批准和书写——需要经历漫长且非常规范的过程，这也是希腊民主的特色之一。

❶ **法律提案** 任何公民都可以提出一项法律。为了公开法律，人们将法律的内容写在一块书板上，放置在阿哥拉，正对英雄纪念碑。

❷ **议事会审查** 每个月，议事会的委员会负责审查这些法律提案（proboulema），接受的提案成为提交给大会的草案。

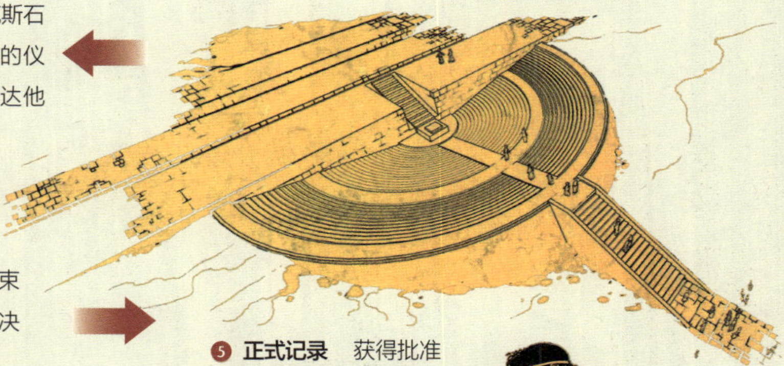

❸ **经大会辩论** 在普尼克斯石山上召集大会，完成必要的仪式后，公民自愿发言，表达他们对草案的意见。

❹ **经大会投票** 辩论结束后，以举手表决的方式表决批准或否决法案。

❺ **正式记录** 获得批准的法律或法令，会被刻在石头或木头上。这样它就成为正式的法律或法令，任何公民都可以查阅其内容。

伊瑞克提翁神殿的女像柱

宗教符号是希腊文化的特征之一。

插图（右侧） 埃克塞基亚斯陶器碎片，上面绘有公民游行的场景（公元前 525 年，现藏于雅典国家考古博物馆）。

希腊文化

尽管希腊人之间有着显著的差异，但整个希腊世界却具有许多共同特点：他们拥有相同的语言，信奉相同的宗教，泛希腊地区有着相似的庆祝活动和场所，政治和社会方面秉持相似的观点和观念。当希腊人不得不面对那些在他们看来是野蛮人的家伙时，这种特有的文化统一性就变得非常明显了。

如果说荷马以其史诗般的目光审视着古希腊的生活状况，那么三个世纪之后，哈利卡纳苏斯的希罗多德则以其在编年史中的描述见证了古典希腊发展到顶峰时期的景象。正是这位历史学家的凝视，第一次见证了公元前 6 世纪和公元前 5 世纪希腊世界的纷繁复杂，这位历史学家是中世纪战争名副其实的叙述者。但是，正如希罗多德的作品提醒我们注意的，历史不仅仅是冷冰冰的列举或分类，还包含着人类智力、精神和艺术方面的惶恐忧惧，包含着撼动人心并使人们行动起来的种

德尔斐的驭手

运动会是希腊公共生活的一个重要组成部分，它促进了分散在各地的城邦之间的接触，并有助于巩固希腊人的身份认同感。这座1.8米高的雕像按照公元前474年杰拉的僭主波吕泽卢斯的要求制作而成，用于纪念他在皮托运动会战车比赛中取得的胜利（现藏于德尔斐考古博物馆）。

种情感，包含着伟大的艺术作品、思想潮流和宗教情感。历史是一种必然超越简单的历史学记录的体裁，它以普通视角和个人独特视角书就，涵盖了人类学、人种学内容以及旅行见闻，加之作者收集的野史逸事、离题的叙述以及对风俗的诸多思考。所以，希罗多德的著作《历史》（*Historiai*），从研究的意义上而言正是我们的词汇“历史”（histoire）的词源，这部作品被视为人类学和旅行叙事的远古开山之作也并非毫无道理，它记录了一种关于希腊人以及希腊人与其他民族人民之间关系方面的共同记忆。

继《荷马史诗》之后，希罗多德的作品无疑是希腊文学中最宏大的创作，也是古代时期传播广泛的文

本之一。这两位作者都专注于描述东西方人民之间的斗争。但不同的是，在荷马的作品中，读不到任何东西方二元对立的意味，而生活在伯里克利世纪的希罗多德却在作品中呈现出两个世界，即波斯和希腊，表现出这两个世界具有截然不同的政治文化观念，甚至分属两个相互对立的地缘政治阵营。以此为前提，公元前 5 世纪和公元前 4 世纪的作家们的作品传递了一种带有强烈沙文主义烙印的形象，这些作品对希腊文明大肆赞美，而将东方文明视为腐朽堕落的文明。正是在这种背景下，希腊思想家提出了野蛮人的概念，用以指代那些与希腊文化格格不入的民族。

希腊人的特征

希腊人共同的文化、宗教和语言特征使他们能够彼此认同。在整个希腊，风俗和娱乐是相通的，正如这幅宠物狗和猫之间争斗的浮雕所表现的那样。该浮雕创作于公元前 510 年左右，发现于雅典的陶瓷区墓地（现藏于雅典国家考古博物馆）。

希罗多德和希腊文明

从表面上看，爱奥尼亚起义似乎是一起地方性事件，但希罗多德意识到这一事件从根本上来说具有重要的意义，因为这正是东方和西方之间巨大冲突的开端，他提出了一个普遍统一的历史观。这部史诗的主角是希腊和波斯的统治者，当然，统治者的行为在很大程度上取决于其各自的个人决定，但同样也由他们各自民族的特点、传统、信仰以及当时仍然存在着的神灵干预历史发展的理念所决定。希罗多德的历史观与某些悲剧作家，如索福克勒斯等希腊古典精神代表的历史观不谋而合。

在被称为“宗教民主”的框架内，无论是在希罗多德的《历史》还是在其他雅典悲剧中，历史事件产生的原因都基于神性和人性的双重层面。一方面，人类以自身的骄傲（hybris）亲手铸成了自己的失败，在悲剧中往往如此；另一方面，众神也同样对那些表现出过于幸福或傲慢的人心怀嫉妒（phthonos）。埃斯库罗斯的悲剧《波斯人》无疑在很大程度上影响了希罗多德关于中世纪战争的记叙和阐释。

无论如何，正是由于这部历史作品的优良品质、实地考察、对资料来源的辨别审查、个人研究和对目击者提出的诸多问题——所有这些都构成了历史学的基础——可以说，我们如今拥有的关于爱琴海世界和其周边地区的信息都非常真实可信。这些信息使我们能够勾勒出东地中海地区不同民族的整体情况，以及在此背景下希腊人民的国际关系。通过将希腊人的习俗和制度与邻国的习俗和制度进行比较，我们可以更清楚地认识到古典希腊文明最根源的特征究竟如何。

有人会想是什么使希腊与其邻国区分开来，是否存在希腊文化圈特有的特征，而这些特征又是否来自相同的因素。这些问题难以回答，因为希腊环境多样，但从根本上来说，我们可以从中辨识出共同的语言和宗教、类似的政治观念和对共同文化怀有的归属感。

《荷马史诗》在所有社会阶层和每个城邦广为流传，将《荷马史诗》作为所有阶层和城邦的共同遗产，对希腊统一意识的形成起到了至关重要的作用。从外部看，这种意识非常明显地表现在泛希腊崇拜的几个重要中心（主要是德尔斐、尼米亚、科林斯和奥林匹亚）及其庆典和比赛，如毕提亚运动会和奥林匹克运动会。只有被视为希腊人的人才有权利参加这些四年一度的比赛。此外，这种与外部民族的竞赛比拼可以通过构成集体认同的重要概念，辨识出究竟哪些人属于希腊文化圈。“斗争”（agôn）和“教育”（paideia）等思想决定了贵族们的生活方式；其他社会阶层模仿贵族们的生活方式，同时各城市之间逐渐建立联系。此外，对城邦的归属唤醒了一种社区感，这种社区感也包含了一种政治价值。在中世纪的战争中，第一次不得不利用希腊人和非希腊人之间的这种对立。

从政治层面上来说，希腊和外国城市之间的区别在于“良好的秩序”（isonomia and eunomia）或公民和谐。古代政治的某些基本概念，如权利平等和“良好秩序”，构成了希腊主义的明显标志。

这些标志的起源可以追溯至大希腊著名的毕达哥拉斯学派，该学派阐释了一种关于数列顺序的理论，其主要内容是用数与数之间的间隔关系或作曲音符之间的间隔来表达和谐。把这个理论放到政治领域，它就为那些保证稳定的宪法提供了理由。不应忘记的是，至少从公元前 530 年到公元前 450 年，毕达哥拉斯派就从克罗托内市开始参与大希腊的政治。

毕达哥拉斯派这种基于中庸之道（mesotès）、正义［权利平等与正义（Dikè）］和节制激情（sophrosunè）等相互依存的思想在智力上的表现，对于从大希腊到爱琴海地区的整个希腊文化世界都至关重要。这些希腊精神世界的核心概念所蕴含的意味，从某些具有民主倾向的城邦居住区的城市规划可见一斑，例如，普里尼、米利都、图里奥伊或雅典（皮雷地区），这些城邦中的居住区都是按照米利都的希波达摩斯的计划设计建造的。这些住宅区的特点在于房屋建筑一般无二，尺寸大小相同，这体现出了节制的思想，换言之，即房屋主人之间的平等和公民精神。根据居民需求设计出的建筑比例和谐，这意味着城市规划是按照民主制度意识形态来规划的，它宛如古典毕达哥拉斯动力学中平等思想的一面镜子，自有其微观世界和宏观世界。

柏拉图也抱有这些观念和想法，并将其提升至宇宙学层面，认为城市中每座房

希罗多德、地理知识和希腊人的世界观

希罗多德对世界的概念，以及他对展现出各民族独特真实特点的历史事件的观点，都是通过他无数次的旅行逐步形成的。这些实地探访旅行使希罗多德能够亲眼看到其笔下细致描绘的疆土和世间冷暖。他在观察其他民族的习俗、过去所展现出的好奇心和开放心态影响了许多同时代人，这些人在希罗多德生前有机会接触到他的作品。

关于希罗多德的生平细节我们所知甚少，但可以肯定的是，他走过了小亚细亚的大部分地区，他了解了许多希腊民族的人民，曾到访过巴比伦的中心地区。他在意大利半岛南部建立了殖民地突黎瓦（Thourioi），成为探险队的成员，他也曾深入埃及腹地，前往非洲北部，他甚至很可能探访过好客海［黑海之古称，（le Pont-Euxin）］以北的斯基泰人的土地。这种对旅行的热情，在其同时代的人中并不常见，这种热情使得希罗多德能够用文字记录下希腊人的世界观。

插图 右图，“希罗多德眼中的世界”是根据这位历史学家的文字重新绘制的世界地图（19世纪中期德国雕版画，威廉·韦格纳的《古希腊的土地和人民》局部）；左图，希罗多德半身像，是公元前4世纪希腊原作的罗马复制品（现藏于那不勒斯考古博物馆）。

子的尺寸都可以被理解为对宇宙和谐的贡献。但并不是所有希腊学者对待这种类型建筑模式的态度都是毫无二致的。如果说色诺芬和德摩斯梯尼对希波达摩斯的计划（可在网格化的城市规划设计中辨识得出）大加赞赏，那么亚里士多德则对这种模式有所保留。无论如何，希腊城市的街道对称，公共空间的使用人人平等，这些都与邻国人民的做法形成了鲜明的对比，构成了重要的差异化因素。

❶ **亚洲** 希罗多德认为，亚洲大陆首先是波斯帝国围绕大流士一世的属地所铺展的辽阔领土。在其东部边境，它一直延伸到印度。印度是一个黄金遍地的国度，那里有许许多多的民族，他们有着不同的习俗和语言。再往东，就是沙漠。南面是厄立特里亚海，往北走，会遇到波斯人、玛代人、萨皮尔人和科尔奇人。波斯以西是亚述，更往西的地方是阿拉伯，此处盛产最珍贵的香料。亚洲的西北部是腓尼基、叙利亚和埃及，希罗多德将它们与非洲大陆区分开来。

❷ **利比亚** 希罗多德心中的利比亚相当于我们今天的非洲，至少是非洲北部地区。希罗多德认为非洲大陆是一个大半岛，通过海格力斯之柱（直布罗陀海峡的名称）与欧洲隔开，通过埃及领土和阿拉伯湾水域与亚洲隔开。整个非洲大陆的最西南部将对应于埃塞俄比亚，用希罗多德的话来说，在这个国家“满是黄金，身形巨大的大象随处可见，遍地各种各样的野生树木，其中有乌木，当地人体型、外貌和寿命都无与伦比”。

❸ **欧洲** 根据希罗多德的说法，欧洲是地中海和希腊领土以北的所有土地。事实上，在希罗多德看来，希腊是一个单独的世界。在欧洲的边界有什么？希罗多德承认他对此一无所知：欧洲最北端的领土将从西北的一个未知点开始延伸，这个点远在陆地和海洋之外，欧洲的领土延伸到乌拉尔山脉甚至更远的地方。因此，欧洲将比亚洲和利比亚加起来还要大。因此，希罗多德认同公元前5世纪盛行的世界三分法，同时赋予了三部分中的每一部分新的比例。

希腊人以及希腊的邻国

但认真审视东地中海盆地围绕着希腊城邦的邻国，以及导致中世纪战争中希波冲突的历史环境，这一历史事件被证明对塑造泛希腊意识形态至关重要，而泛希腊意识形态是古典希腊文明至关重要的因素。

希腊人已经开始接触野蛮人，即开始与非希腊语民族接触，这一点从他们与腓尼基人和东方各族的密切关系以及后来与巴尔干半岛北部居民的关系中得到证实。

奥林匹亚和泛希腊主义

（第 60—61 页）

奥林匹亚的遗址，靠近体育馆和宫殿。泛希腊重要的中心之一是奥林匹亚，每四年在那里举行一次奥林匹克运动会，来自希腊各地区的希腊人在那里进行体育竞赛。这些比赛的优胜者在整个希腊都十分受人尊敬。

位于达尔马提亚滨海地区的伊利里亚部落，特别是统治范围从多瑙河流域延伸到地中海的色雷斯人，对希腊人的一些领土提出了异议，迫使希腊人明确标示出自己的殖民地。

最初，迁徙的色雷斯人占据了小亚细亚的西北部地区，并在比提尼亚、米西亚和弗里吉亚定居。色雷斯西面与马其顿接壤，东面与黑海相连。这个辽阔地区内的居民分布在数量极多的部落中，在国王的领导下，凭借拥有的财富——特别是金和银——他们享有诸多特权。精耕细作的农业和多物种的养殖——尤其是马，在色雷斯经济中具有根本性的作用。在希腊人看来，色雷斯人一直以来都是一个野蛮好战的民族。然而，从公元前 8 世纪中叶开始，色雷斯海岸一侧的部分地区开始零星出现希腊人的殖民地，这些地区自此成为受到希腊影响的区域。哈尔基季基半岛、切索尼和黑海西海岸都处于希腊强大的控制之下。对色雷斯邦端山中丰饶的金属矿藏的开发，已经证明了它在希腊经济政策中的重要作用。在这一时期，如长老米提亚迪斯和僭主庇西特拉图等雅典的贵族成员，都已经依靠他们在色雷斯地区的财产所带来的丰厚收入，在城邦中决定性地树立了自身权威。

接下来是埃及，很少有国家能像尼罗河畔的肥沃土地那样激起希腊人的想象力。虽然埃及长期以来一直深陷政治危机的泥潭之中，但希腊人对埃及人的钦佩向往之情从未稍有衰减。

建筑（神庙和金字塔）、技术、科学、医学和宗教，希腊人对此没有一丝嫉妒之情，他们对埃及文化充满向往，这是一种他们对自身文明的感情都无法与之比肩的深情厚爱。所有希腊人游学的目的地都是埃及，所有从神话和古代时期到古典时代的伟大学者的游学目的地也都是埃及（荷马、莱库古、梭伦、泰勒斯和毕达哥拉斯都去过埃及，当然还有柏拉图）；希腊人用游学的方式向尼罗河流过的土地表达了深深的谢意。希腊和埃及之间的接触一直存在，不仅在希腊人的古代知识中可以看到埃及的影响，而且在希腊艺术中也可以看到这种影响，甚至在艺术中这种影响更为明显。

早在公元前 6 世纪，希腊人就已经在尼罗河三角洲建立了一个贸易港口——诺克拉提斯，从而形成了直接通往埃及的通道。作为希腊人和野蛮人之间交流的最佳见证者，历史学家希罗多德为我们带来了他的亲身经历，并使我们了解了希腊人与埃及人最早的接触。“凭借他与希腊人的真诚友谊，法老阿玛西斯并不满足于让来自这个国家的个体受到良好招待，而是将诺克拉提斯城辟为一座允许所有想要生活在埃及的人居住的城市，让这些人可以在此安家落户，而对于不想生活在埃及的人，法老也为他们指定了另一个地点，让他们可以为自己信奉的神明建立祭坛和寺庙。这些圣殿中最著名的，也是最大和到访人数最多的一座唤作海列尼昂。共同出资建造这座圣殿的城市有：爱奥尼亚城市中的基奥斯、特奥斯、福凯亚和克拉索米尼斯；多里亚城市中的罗德斯、克尼杜斯、哈利卡纳苏斯和法塞利斯。海列尼昂属于这些城市，正是这些城市任命了这个贸易站的统治者们。”（《历史》第二卷，178）

科林斯的精英和萨摩斯的波利克拉特则在政治上参与了埃及事务；事实上，科林斯僭主王朝的最后一位成员拥有埃及名字普萨美提克。可以看出，神秘的尼罗河国度正逐渐在爱琴海和东方大国之间的冲突中，开辟出一条道路。在公元前525年至公元前522年波斯国王坎比修斯的行动后，这个国家落入了阿契美尼德王朝的手中，最终失去了独立。从公元前6世纪开始，埃及进入了一个漫长的外国统治时期，国土先是落入波斯人手中，然后是马其顿人，最后是罗马人。

爱奥尼亚、弗里吉亚和吕底亚

小亚细亚海岸和周围的岛屿上建立了大量的希腊城市：以弗所、米利都、士麦那、萨摩斯、福凯亚、科洛芬和普里尼，在这里仅以最著名的城市为例。凭借其极为优越的地理位置、得天独厚的海港以及肥沃的可耕地，爱奥尼亚成为希腊世界中最具活力的城市地区。此外，这块受大自然恩惠馈赠的土地成为连接东西方的桥梁。正是在这里，由小亚细亚的吕底亚人发展起来的货币交易传向欧洲，促进东西方贸易的发展——而这一切也为爱奥尼亚带来了诸多好处。

爱奥尼亚城市的特点在于它具有世界性的文化，对外部世界的影响和各种创新

爱奥尼亚思想家和希腊哲学的诞生

第欧根尼·拉埃斯在写于公元前3世纪的编年史中，认定哲学起源于两个学派诞生之间，其中一个是爱奥尼亚学派，另一个是南意大利学派（后者的名字源于其最杰出的代表毕达哥拉斯曾在大希腊地区定居这一事实）。第欧根尼为爱奥尼亚哲学建立了一个从米利都的泰勒斯开始，到柏拉图为巅峰的师承体系。

公元前6世纪初，小亚细亚海岸爱奥尼亚殖民地的居民得益于希腊思想和使之蓬勃发展的东方思想之间的碰撞。这种文化和科学热潮的中心是米利都，在那里，哲学家们开始观察自然，并为他们周围的世界寻求理性的解释，同时抛却神的影响。第欧根尼·拉埃斯所说的师承便是在这里开始：米利都的泰勒斯是阿那克西曼德（也是米利都人）的师父；阿那克西曼德的弟子是克拉索米尼的阿那克萨戈拉，后者将他的所学传给了阿克罗斯；阿克罗斯将爱奥尼亚哲学带到雅典，他在那里最有名的学生是柏拉图的恩师富克拉特。

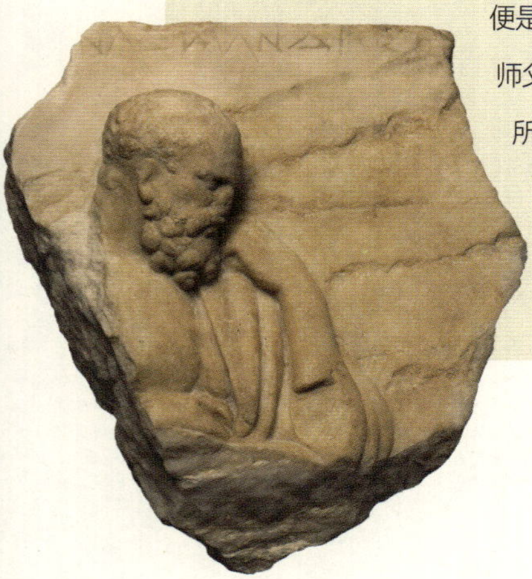

插图 带有阿那克西曼德肖像的浮雕碎片，可能制作于希腊时期或罗马时期（现藏于罗马国家博物馆）。

都充满好奇，而且在思想层面包容开放，兼收并蓄，使该地区成为希腊科学、哲学和艺术的最前沿。除了有利的经济条件外，这里还出现了前所未有的文化繁荣。如果没有爱奥尼亚的影响，就无法想象希腊的思想史，最著名的希腊哲学家、科学家、大师和航海家都曾在这里生活和工作。爱奥尼亚哲学家阿那克西曼德、阿那克西门尼斯和泰勒斯、赫拉克利特、色诺芬和毕达哥拉斯（来自萨摩斯）至今仍被认为是构建西方知识大厦的奠基人。航海家和探险家西拉克斯和柯罗诺斯，或历史学家赫卡泰俄斯，他们代表了爱奥尼亚人的探索精神和过人胆识。希罗多德本人，这位希波冲突的杰出叙述者，也属于这

个不可思议的知识界。

在吕底亚人、卡里亚人和其他民族的包围下，爱奥尼亚小亚细亚的政治局势并不稳定。但是，尽管他们经常处于外国统治之下（自公元前 6 世纪以来一直受到吕底亚的统治，之后受到波斯的统治），亚洲地区的希腊人因为语言、制度和习俗，自认为是希腊世界的组成部分。事实上，任世事变迁，这种情感几个世纪以来一直没有改变，直到 20 世纪初凯末尔·帕夏（阿塔图尔克）领导的现代土耳其民族的兴起，希腊人几个世纪以来在小亚细亚的生活才最终宣告结束，尽管在庞都地区仍有少数讲希腊语的居民。

普里尼的雅典娜–波利亚斯神庙

皮特欧斯建造的雅典娜–波利亚斯神庙约建于公元前 340 年，在当时就被认为是爱奥尼亚神庙的主要典范之一。普里尼是加入德洛斯联盟的爱奥尼亚城市之一。

但爱奥尼亚人始终对其如履薄冰的处境忐忑不安。这种爱奥尼亚人心照不宣的思想从米利都的泰勒斯时代（公元前6世纪）就已经初露端倪，希罗多德在书中写道，他向自己受到威胁的同胞们提出了如下建议：“为所有爱奥尼亚人在提奥斯设立一个总理事会，因为该城市位于爱奥尼亚的中心地区，设立总理事会并不影响其他城市的政府，这些城市将保留他们的习俗，就像他们是许多不同的地区一样。”（希罗多德，《历史》第一卷，170）这种力量的联合是为了使爱奥尼亚诸多小型城邦摆脱一直孤立承受着的岌岌可危的境遇，而这种处境主要因其地理位置十分敏感。然而，这一政策在面对碾压性的波斯力量时毫无助益。

在公元前8世纪到公元前7世纪，小亚细亚一直都是各民族和国家之间争夺土地和权力的场所。赫梯帝国崩塌后，弗里吉亚部落向安纳托利亚中部扩张。弗里吉亚人，连同与他们保持友好关系的亚述人，是该地区权力平衡的重要力量。早在公元前8世纪，弗里吉亚国家业已建立：在其首都戈尔迪翁，统治者著名的墓冢仍然见证着他们的权力。弗里吉亚的中心地带包括与桑加里奥斯河接壤的领土、米德河上游的地区，以及与哈利斯形成具有重大意义战略边界的弓形土地。哈图萨是赫梯的旧都，已经落入弗里吉亚人的势力范围，弗里吉亚人也在卡帕多西亚开拓了新的领土。迈达斯在传说中熠熠发光，被视为弗里吉亚人最强大的统治者。他的富有众所周知，他的名字成为皇室权力和荣耀的代名词而流传后世。迈达斯与小亚细亚西海岸的爱奥尼亚城市保持无虞，希罗多德提到了他向德尔斐神示所供奉了祭品。但在公元前7世纪初，弗里吉亚王国在西梅里亚人迁徙之后走向衰落，高加索地区的西梅里亚人则在小亚细亚获得了蓬勃发展。

这种快速的兴起和类似于弗里吉亚世界的衰落，在延伸到小亚细亚西南部的吕底亚再度上演。关于公元前7世纪时期和吉格斯国王的各种研究资料数量颇丰。吉格斯的领土从吕底亚的中心地带向小亚细亚海岸各爱奥尼亚殖民地辐射，如米利都、科洛芬和士麦那等其中一些主要城市都处于他的直接统治之下。吕底亚还一直与亚述人和埃及人保持着联系，辛梅里安人的暴力入侵并未能让埃及人恢复独立。

吉格斯在与辛梅里安人战斗期间一命呜呼（公元前652年），在被辛梅里安人打败之后，当时的一切情况都表明，吕底亚必将重蹈弗里吉亚衰落的覆辙。吕底亚首都萨迪斯被完全夷为平地，连城中心的城堡也未能幸免。但辛梅里安人的意外消失使吕底亚政权得以复苏。

阿利亚特在其统治期间不得不通过多次血腥战役来巩固权力，镇压外部和内部的敌人，国家也因此达到了政治和经济的鼎盛时期。他先后战胜了辛梅里安人和米底人，他们不得不在公元前585年与阿利亚特签订了和平协议。根据该和平协议，吕底亚王国和米底王国在哈里斯河划河而治。

直到阿利亚特之子克罗伊索斯国王统治时期，吕底亚才实现了最大规模的扩张。爱奥尼亚的米利都城尽在他的股掌之间，克罗伊索斯还和主要的邻国建立了外交关系。根据希罗多德的记述，我们了解到克罗伊索斯曾对德尔斐慷慨馈赠。

然而，克罗伊索斯的扩张政策正是标志着吕底亚势力在小亚细亚发展的转折点。在米底国王阿斯提亚格斯败于波斯国王之手后，克罗伊索斯感到不再有义务遵守与米底人签订的和平协议，因此试图利用哈利斯河对岸的权力真空扩大自己的帝国版图。尽管神谕已经预言“如果克罗伊索斯越过哈利斯河，他就将使一个伟大的帝国陷落”，但是克罗伊索斯还是被波斯君主居鲁士二世大帝打败了：事实上，神谕预言中将要陷落的帝国正是克罗伊索斯自己的帝国。此后，波斯人的统治延伸到了小亚细亚西海岸。作为吕底亚王朝的继承人和君主，波斯国王成为希腊人的新邻居。居鲁士是《旧约》中释放巴比伦犹太人囚徒的那位国王。但是，再没有什么事件比波斯帝国西进扩张更能改变中东和爱琴海地区的政治局势。

波斯帝国

希腊人对阿契美尼德君主制取得的成就颇为钦佩，但当他们亲眼看到波斯帝国是如何在极短的时间内跻身大国行列时，内心的恐惧、尊敬和钦佩则交织在一起，五味杂陈。希罗多德将吕底亚人克罗伊索斯和居鲁士二世之间的冲突作为其

被强大民族环伺的希腊人

在希腊城邦蓬勃发展的同时，诸多拥有截然不同文明的民族也在地中海东岸定居：小小的马其顿王国、旷世伟大的波斯帝国，以及延绵千年的埃及文明。

希腊各城市在积极建立爱琴海地区殖民地的过程中，与东地中海的其他民族建立了联系。北面是伊利里亚部落的聚集地，即马其顿和色雷斯王国，希腊人很快就在此处海岸建立了殖民地。在西南方向的利比亚境内，众多的非洲小部落并未能阻止希腊人建立古利奈和其他重要的多利安殖民地。东南面是埃及，这是希腊人最欣赏的文明，他们与埃及人民保持良好的关系，还有腓尼基人，希腊人保持着与他们之间的贸易。东面则是伟大的波斯帝国，它即将统治色雷斯、非洲北部和小亚细亚的部分地区，并将弗里吉亚、吕底亚、爱奥尼亚和多里安纳入势力范围。

吕底亚首饰

来自克罗伊索斯国库的金项链。克罗伊索斯是吕底亚的最后一位君主，在位时间为公元前 560 年至公元前 546 年（现藏于乌萨克考古博物馆）。他的领土延伸到安纳托利亚半岛的西部，与爱奥尼亚殖民地接壤，使吕底亚成为希腊的强大邻国之一。

历史著作的开篇。这次冲突为希罗多德记叙的核心内容——希波战争——提供了一个颇为戏剧性的序幕，在希波战争中，频频见到多民族的东方大国多位君王的身影，他们正是这次冲突的主要参与者。

在波斯帝国，权力深深植根于其臣民的信仰，具有巨大的宗教意义。君主除其他祭司职能外，还负责那些保佑国家安泰、富裕强大的祭祀活动。在宫廷中，宫廷礼仪明显体现出仪式、宗教传统和象征主义的结合。宫廷侍卫队控制着他人与君主的接触，君主鲜少在公众前露面，在正式召见时，他人要向君主行叩拜礼（proskynésis）。宫廷中的礼节

无比繁复，并且极尽夸耀，关于这些宫廷生活中最引人注目的描述包括饕餮盛宴和女眷内室。

阿契美尼德王朝的政治权力建立在军事成就的基础上，同时也建立在波斯的主要贵族家族以及在君主霸权统治之下的众多民族对君主至高无上地位的认可之上。这些臣民并没有受到压迫，也没有严格受制于中央政权，而是享有一定程度的自主权。此外，皇权结构的特征在于国王被赋予了不同的属性。

在阿契美尼德君主的身上，集中了各种政治职务和代表职能：他是波斯人、米底人和巴比伦人的领袖，也是埃及和小亚细亚的君主。正如其正式头衔所宣称的那样，他是“万王之王”，任何其他人都不得以同样的称号自称。在波斯波利斯王宫的阿帕达纳浮雕中，可以看到大流士一世端坐在宝座之上，他姿态高贵、肌肉紧绷、纹丝不动，宛如一尊圣像，准备接受跪拜礼。

这个庞大的多民族国家从爱琴海一直延伸到印度，其领土组织和政治结构要求选择采取非中央集权的政府，并设立一系列区域行政单位——行省（satrapies）。各行省与万王之王的宫廷坚守相同的原则，各行省总督拥有帝国各领地中的最高头衔，而且各行省的贵族宫廷往往有自己的宫廷礼仪。

鉴于波斯帝国幅员辽阔，出现紧张局势也就不足为奇了。某些总督野心膨胀，怀有不臣之心，甚至可能采取叛乱行动。除了对帝国御林军拥有最高军事指挥权外，君主的权力还通过对凌驾于帝国官员之上的皇家总理府等重要行政机构进行管理而得到加强。此外，君主还通过存放在王室官邸的各行省贡品带来的定期收入而日渐富有。

波斯政府的结构具有某种尚处于发展状态的封建主义特征。居于政治、行政和军事相互依存的严密网络中心的是君主，君主统治下的帝国通过臣服领土上的每个居民的个人依附关系来保持帝国的统一。因此，行省对国王的忠诚度比法律约束更重要。行省与国王之间的相互义务所产生的政治谋算基于事先规定的、非常精确的仪式——包括伸手、下跪、宣誓，甚至共同进餐。例如，在皇室的加冕仪式上，帝国最重要的封臣会第一个跪拜在新统治者面前，向他表达忠心，并宣告对皇权的完全效忠。

正如希罗多德栩栩如生的叙述所展现的那样，这个过于庞大且盘根错节的帝国一一征服了东地中海盆地的所有民族。有着千年历史的埃及也臣服在它的脚下。弗里吉亚和吕底亚，这两个安纳托利亚半岛上富饶的王国，也向它俯首称臣。

再往后，正如希罗多德在关于斯基泰人的章节中提到的那样，北方各民族都已遭到武力压制。这时，波斯人所要做的就只剩下穿越赫勒斯滂河，征服欧洲的希腊人。因此，以民主的雅典和寡头的斯巴达为首的希腊城邦自由与万王之王的绝对君主制，这两种对立的世界观之间发生冲突是无法避免的。

希腊直面专制主义

在公元前 5 世纪的希腊文学中多次提及希腊人和波斯人之间的冲突，这些内容使我们得以了解希波战争对希腊的政治和文化产生的重大影响，这些影响是希腊政治思想产生过程中的重要一环。如希罗多德和埃斯库罗斯（古典悲剧大师之一）等关于希波冲突阐述较多的作者，为反思执政模式奠定了基础，通过希腊以外的例子，特别是波斯的例子，令这种反思更加言之有物。从希罗多德的“三种政体之辩”（《历史》第三卷，80—84）等段落中可以看出，大流士国王当选时，众人正在辩论究竟哪种政体才是最佳的政体。你来我往的争论展示了在大王的宫廷中，政治思想是如何得以阐述的，也表明了最终的决定权掌握在谁的手中。在大流士的专制政权中，政治的天平一直在臣民对统治者怀有希冀和统治者拥有绝对且不容置疑的特权所激发的恐惧之间摇摆。当被要求选举新国王的人民试图挑战未来君主的豁免权和其他传统特权时，这种特有的摇摆和极端的恐惧就清晰地体现出来了。在“三种政体之辩”中，波斯贵族出身的奥塔尼斯自视为贵族平等的代表来反对专制：他的这一立场与希腊贵族抵制僭主如出一辙。在希腊文学中，我们第一次在波斯背景（这一点绝非巧合）中发现对各种类型的国家政体进行了理性讨论。奥塔尼斯认为专制败坏了君主制，而大流士则认为寡头政治和民主也是如此。

在他看来，寡头政治和民主毫无制约，是遭到败坏的、无节制的君主专制的结果。也正因如此，大流士支持设立合法的君主制。大流士通过论证从国家利益出发，究竟何为“最佳”政体，提出了能够赋予人类社会治理最大功效的诸多手段。在希罗多德笔下，大流士通过几个问题，解决了权衡的问题带来的争议，而这些问题则突显了波斯和希腊思想的区别：“波斯帝国享有的自由是从哪里得来的？自由是谁赐予的？是民众、寡头，还是一个单独的君主呢？既然单单一个人就使我们获得自由，那么我们就应该依附于这个人。”这些阐述未必是最好的论据，但在这段话中

色雷斯：宝藏、神话和勇士

色雷斯人并没有留下文字记载的传统，其大部分历史和风俗现已无从考证。自青铜时代起，色雷斯人的土地上就有人居住，是诸多不同种族群体的家园，他们因共同的语言和纷繁多样、口耳相传的英雄传说和神话而紧密联系在一起，其中有些传说和神话深受希腊文化的影响。我们现在掌握的有关色雷斯部落的信息相对有限，这些信息主要来自希腊文本，如希罗多德、色诺芬甚至荷马的记叙；有的来自20世纪和21世纪富有成效的考古发掘，如罗格岑、莱特尼察、卢科维特或帕纳吉里什特宝藏出土，甚至包括卡赞勒克色雷斯人墓地的重见天日。

俄耳甫斯和色雷斯

据传，俄耳甫斯很可能拥有色雷斯人的血统。色雷斯人狂热地崇拜俄耳甫斯，在色雷斯流传着关于俄耳甫斯的神话，歌颂了他出神入化的技艺，讲述了他进入地府的故事。

插图　俄耳甫斯和色雷斯人在一起，公元前5世纪的陶器上的装饰（现藏于柏林古希腊罗马考古博物馆）。

这是源自色雷斯的用于仪式的金银托盘（用于浇祭的扁盘）。1985年保加利亚北部罗格赞的一个农民在偶然间发现了该托盘（现藏于弗拉察地区历史博物馆）。

该作品可追溯到公元前4世纪，正反两面都饰有精美繁复的装饰。可以看到装饰中有一个缀满绮丽花卉的花环。该托盘在当时是用于宗教浇祭的。

描绘的人物是赫拉克勒斯和女祭司奥革，这证明了希腊人对色雷斯人影响很深。使用希腊文字雕刻物品主人的名字，进一步突显了这种影响。

图案与希腊神话完美契合。其中一面能够看到赫拉克勒斯被丢弃的武器，盘子中央这位半神的腿上穿着巨狮狮皮。

色雷斯考古发现

近代以来出土了大量的色雷斯珍品。这些由金、银或铜制成的物品使我们了解了许多关于色雷斯人的习俗。

色雷斯人的头盔和胸甲 色雷斯人参加了传说中的特洛伊战争，以其英勇善战而闻名于世。事实上，在古代，色雷斯人经常被邻国雇佣为雇佣兵。

酒爵的脚 色雷斯人的土地上矿藏丰富，备受邻国觊觎；同样，色雷斯人有很多能工巧匠，其中金匠尤为突出，他们在当地传统与希腊和波斯文化之间形成了独特的融合风格。

大流士一世，万王之王

波斯波利斯的阿契美尼德浮雕，制作于公元前500年左右，献给波斯万王之王大流士一世，他正襟危坐，在皇家觐见中端坐于宝座之上。对拥有无上权力的君主崇拜是波斯政治制度与希腊民主制度之间巨大差异的另一个因素。

提及的历史实例却具有决定性意义。这里明显影射了居鲁士二世的理想君主制，居鲁士二世为波斯人面对周边民族获得自由奠定了基础。

根据这个有针对性的论据，得出结论，波斯人必须通过君主的统治来确保国家维持存续——这个人就是大流士。在这里，自由不应被理解为希腊世界中的个人价值，而应被理解为一种集体利益，一种全体波斯人民享有的利益；而且为了这种利益，牺牲个人独立成为一种正义之举。居鲁士大帝使波斯摆脱了对邻国人民的依赖，这一行动使他担得起帝国缔造者的称号，也使帝国本身成为以君主制政府统治管理的帝国。

希罗多德对阿契美尼德君主制中的世袭罔替并不关心。相反，历史学家的目光集中在对希腊人来说能够切实感知到的事实上，比如波斯人的军事和领土扩张。然而，阿契美尼德人创造了当时已知最大的帝国，他们非凡的战绩，令希腊人心驰神往，无法抑制对这样伟大帝国的缔造者的钦佩之情。即使在希腊世界，特别是从色诺芬的《居鲁士的教育》开始，居鲁士就被认定为模范的统治者。同样，希腊人也经常从波斯人的功绩中看到君主制政府模式内在的好处。

然而，他们也意识到，万王之王的权力与僭主的权力不分上下，两者的共同点在于都存在绝对权力和专制。因为这个原因，绝大多数希腊人反对将这种模式引入希腊。在传统的希腊人，尤其是雅典人看来，这种模式有太多值得批判之处。对于庇西特拉图和庇西特拉图王朝，以及作为雅典民主制度奠基时刻的弑僭主，都将在希腊人的集体记忆中保持很长一段时间。这就是为什么希腊对波斯君主制的判决引发了意见分歧。尽管认识到这种制度无疑具有积极的一面，但城邦公民认为王权存在着危害，因此也能够感觉到公民态度鲜明地排斥王权。

在这方面，希罗多德提供了另一个例子，他讲述了关于大流士登基颇有趣味的一件逸事：联盟的六位大人物继续争论选举君主的最佳方式……；至于究竟如何选出君主，最后决定他们应该骑马到苏萨郊区，在日出时，谁的马先嘶鸣，谁便做国王……。翌日天明时分，可能问鼎波斯王的六位大人物骑着各自的宝骏穿过城郊，等他们来到前一天夜里（大流士的仆人）曾系过牝马的那个地方，大流士的马便奔上前去，嘶鸣了起来。与此同时，所有人都看到晴空中出现了一道闪电，并听到了一声巨雷轰鸣。这些发生在大流士身上的神迹使他夺得了王位。其他的同伴见此情形，立刻跳下马来，跪拜在他脚下，当场承认大流士就是他们的王（《历史》第八卷，101—105）。这种场面对希腊人来说纯粹是一种野蛮人的行径，为波斯人的君主制带来了负面影响。在希罗多德的记叙中，我们一方面可以看到专制制度的波斯式执政方式，另一方面也可以看到希腊的执政方式，其特点在于公民能够自由参与城市管理。在波斯国王薛西斯和斯巴达人德玛拉图斯之间的著名对话中，希罗多德

希腊人和波斯人

在这只制作于公元前 480 年至公元前 470 年的双耳瓶上，一名重装步兵用矛刺向一名波斯士兵（现藏于纽约大都会艺术博物馆）。希腊人和波斯人之间的希波战争也被视为西方民主和东方专制之间的斗争。

将希腊的自由与东方的专制主义进行了对比（《历史》第八卷，101—105）。这种评述与埃斯库罗斯的悲剧《波斯人》中的一个场景十分贴合，该部悲剧用来庆祝希腊人战胜来自东方的令人闻风丧胆的入侵者。

这部悲剧于公元前 472 年上演，是由后来成为雅典民主制度主要执行者的年轻贵族伯里克利委托创作的。在这部保存下来的最古老的悲剧中，对波斯君主制度和明显的专制特征的影射比比皆是。它呈现给希腊观众的是一种专制统治，其最高代表薛西斯领导了波斯人对希腊的远征，通过服从礼仪（跪拜礼）而受到敬仰，证明了波斯君主对其臣民拥有威力无边的权威。

大王毫无限制的权力也体现在他采取行动时，不需要为其决定对任何人负责，也不需要为失败承担任何责任。这就是为什么大流士的妻子、薛西斯的母亲阿托萨说："因为你知道，如果我的儿子成功了，他将成为一个伟大的英雄，但如果他失败了……他不对他的臣民负责，只要他平安无虞，他就仍然是这个国家的主人。"

总体来说，人们在埃斯库罗斯的《波斯人》中看到了后一代人的历史学家希罗多德所采用的类似范式，希罗多德在《历史》中提出了两个同时存在却相互对立的世界：以阿契美尼德君主制为象征的专制主义东方世界，以及在其外围的希腊城邦的自由世界，这也体现出希罗多德对两者明确的区分。

《波斯人》中有一个主要场景，在希波战争期间指挥攻占雅典又在萨拉米斯湾大败于希腊人的领袖的母亲阿托萨，想起她做的一个梦。梦中出现了两个女人，她们被绑在波斯君主的皇家战车上。其中一个女人认了命，接受命运为她安排的角色和她被绑在战车上的事实；而另一个女人，从服饰上看得出是位希腊人，她拒不接受这样的命运，甚至成功推翻了战车，最终使万王之王在众目睽睽之下从座驾上跌落。

埃斯库罗斯以舞台形象表现了他所处时代的政治形势，产生了重大的社会政治影响。希腊各城邦坚信其参与式宪政制度的优越性，决心不接受波斯人统治，面对波斯国王的野心表现出了坚定的抵制态度。对于阿托萨的问题："谁管理他们（雅典人），谁指挥他们的军队？"希腊人会回答："他们不是任何人的奴隶或臣民！"在埃斯库罗斯精心编排的民主制度和君主制政体之间不言自明的对抗中，后者败下阵来，黯然退出。在法律背后聚集的雅典自由公民，丝毫不羡慕波斯大王的臣民——无论是否愿意，这些人只能盲目地听从他的命令。这一评价显然包含了雅典所有公民的自豪感，在马拉松挫败波斯人第一次入侵企图的公民就展示出了这种自豪感。

埃斯库罗斯还使用了另一种文学技巧，强调了雅典公民的主导作用。虽然在失

希腊人对“野蛮人”的看法，民主直面专制

希腊语“野蛮人”的字面意思是“外乡人”，起初这一词汇含有贬义，因为它是通过模仿口吃的发音来指称所有不讲希腊语的人。该词的含义及其贬义的使用，凸显了希腊人的泛希腊意识，尽管各城邦之间存在诸多差异，但这种泛希腊意识将希腊人紧密团结起来。这种意识使希腊人有别于其他民族，并使他们认为自己的文明远远优于邻国的文明。

希罗多德有时将波斯人称为“亚洲的野蛮人”。尽管他对波斯人怀有敬意，但这位历史学家对专制这种政府形式深恶痛绝。希罗多德对伯里克利和索福克勒斯的思想十分关切，他也是赋予个人自由的雅典民主制度的崇拜者。虽然波斯人不理解为何掌权的希腊人必须像其他公民一样遵守法律，但雅典人并不希望再度经历他们曾经深受其害的政府制度。

插图 色雷斯女神本迪丝浮雕，雅典人崇拜这位月亮女神——它证明了希腊各邦之间的文化交流，公元前400年至公元前375年（现藏于伦敦大英博物馆）。

败的波斯一方，有一些主角有名有姓，还有一些个体形象鲜明，但没有任何一个希腊人物脱颖而出，或者明确其姓名：从重要性上来说，列奥尼达斯或地米斯托克利本值得在政体最具有象征意义的空间——剧院中——得到颂扬和赞美。然而，在埃斯库罗斯的论证中，多处隐晦地提到了地米斯托克利，观众一下子就能意会。例如，当他提到劳里昂矿场的收入时，说是地米斯托克利决定将这些收入用于打造雅典舰队。此外，埃斯库罗斯还提到了地米斯托克利在萨拉米斯挑起波斯舰队攻击的妙计。他将地米斯托克利的使者来到波斯营帐比作诸神的报复："女王，尽管没有人知道所有的灾祸因何而起，但其根源是某个愤怒的恶

希腊人和野蛮人之间的战斗

在黑海以北今乌克兰境内发现的斯基泰人金制刀鞘装饰细节，制作于公元前 4 世纪（现藏于圣彼得堡冬宫博物馆）。

埃斯库罗斯和希腊戏剧中对波斯人的态度

埃斯库罗斯的《波斯人》创作于公元前 472 年，即第二次希波战争结束后的第七年，是现存的唯一一部并非基于神话或传说，而是基于当时观众所关注的事件写成的希腊悲剧。据传还有其他关于波斯人的作品，但不幸的是这些作品未能保存至今。

埃斯库罗斯在希波战争中发挥了积极作用：他是马拉松和萨拉米斯战役中的重装步兵，而且他的兄弟就死于战场。这位剧作家和许多经历过阿契美尼德入侵的同胞一样，认为波斯人不仅仅是他们的敌人，还是一种被判定为不公正的政治体系所带来的威胁的化身。这正是埃斯库罗斯在悲剧《波斯人》中所传达出的思想：给予公民发言权的公正政府所代表的民主与化身为薛西斯的专制针锋相对。埃斯库罗斯的结论是，波斯国王垮台的原因无他，正是权力极不公正的积累。然而，尽管在这部悲剧中希腊人和波斯人之间存在着强烈的二元对立，但埃斯库罗斯还是为敌人赋予了英雄形象；他没有丑化这位君主的伟岸形象，希腊人民心中认可这个几乎征服了他们国土的帝国的煌煌之华。

插图 希腊青铜面具。在古典戏剧中，演员依靠面具扮演角色（现藏于比雷埃夫斯考古博物馆）。

神、某种邪恶的神灵，就像那些把人引向失败厄运的神明。”通过故意隐去希腊人物的身份，也就是那些将在冲突中取得胜利的人，颂扬了只有在基于共识和社会凝聚力的组织框架内才能实现的平等民权。这样一来，剧作强调了城邦优于个体的特权，强调了城邦的理性、共同利益优于特殊利益的优先地位。正是在这些意识形态和政治基础上，解释了冲突的前因后果，也揭示了为什么面对波斯人的希腊人取得了最终的胜利。

不应忘记，埃斯库罗斯是雅典民主的热情捍卫者，他和其他雅典人一样，曾遭受过庇西特拉图及其儿子

希庇亚斯和希帕克斯的铁腕暴政。因此，阿提克城邦的公民根据他们的亲身经历，认为与克利斯梯尼建立的民主制度相比，某种执政形式似乎不那么令人向往，所以拒绝接受这种政体并不稀奇。随后，雅典人战胜了敌人波斯人，使这座民主城市合法性得到广泛认可，进一步巩固了平等民权模式。

雅典，艺术之都

在与阿契美尼德君主制对峙之后，雅典确立了自己希腊艺术之都的地位。

插图 帕提侬神庙西侧门楣上的宏伟浮雕之一，是希腊文明的辉煌和艺术家精湛技艺的象征。该作品大约制作于公元前 440 年（现藏于伦敦大英博物馆）。

档案：雅典卫城和帕提侬神庙

如果必须选择一个可以令人想到雅典和古典希腊辉煌的形象，那么雅典卫城和帕提侬神庙俯瞰阿提卡首都的景色无疑是首选。

关于帕提侬神庙即处女庙的起源有许多神话故事。可以确定的是，它与城市的守护者雅典娜女神崇拜关系密切，神话中这座城市深得雅典娜庇护。据说有两位神明争当雅典的保护神：一位是海神波塞冬；另一位是宙斯的智囊雅典娜，她全副武装从父亲宙斯的头中诞生。波塞冬和雅典娜都为雅典带来祝福，都希望被公民们选为这座城的保护神。波塞冬喜怒无常而且并不亲切随和，简直是蓬托斯本人，他用三叉

雅典的象征

波利萨提亚雅典卫城上矗立的宏伟建筑和雕像向世界展示了雅典的无上荣光，并提醒雅典人，他们战胜了波斯人这样强劲的敌人。

插图 从帕提侬神庙俯瞰今天的雅典卫城，以及由彼得•康诺利重现的公元前5世纪时雅典卫城的景象。

戟一挥，在雅典卫城变出了一汪盐泉。雅典娜则用她的步兵长矛敲击地面，那里立刻长出了一棵枝叶茂密的参天橄榄树。雅典人选择了智慧且有谋略的女神，她的祭祀动物猫头鹰与橄榄树一并成为这座城市的象征。全部由黄金和象牙制成的巨大女神雕像竖立在帕提侬神庙中，用来庆祝雅典娜当选城市的守护神。神庙的两个壁饰也献给了这位女神：一个描绘的是她出生的故事，即她从宙斯头中诞生时全副武装且已经成年；而另一个，准确地说是关于她为了将雅典置于自身保护之下而对抗波塞冬的神话场景。

伊克提诺斯和卡利克拉特

帕提侬神庙是伯里克利时代的雅典之宝，由建筑师伊克提诺斯和卡利克拉特在雕塑家菲迪亚斯的指导下建造而成。它是为了容纳由巨型黄金和象牙制成的雅典娜雕像而修建的。上面是雅典娜尼凯神庙，也是由卡利克拉特设计的。

帕提侬神庙的结构

雅典统治者拥有惊人的财力，使他们能够修建一座如此雄伟壮观的建筑来放置雅典娜—帕提诺斯的巨大雕像。当时设计了一座多立克风格围柱式建筑，长69.5米，宽30.88米。凭借精湛的建筑技艺和数学计算，这座建筑呈现出所有希腊神庙所应展现的必不可少的视觉和谐，精湛的技艺和计算不仅符合各项比例，而且还成功地完成了光学修正，使整个外观更加平衡：柱座和柱上楣构具有一定的弧度，而立柱略微向内倾斜，以不规则的方式分布。

一座彩绘神庙 根据希腊古典建筑和雕像的习惯，帕提侬神庙绘有明亮的色彩。据说，当时使用的颜色包括蓝色、红色、棕色和金黄色。

❶ **前殿** 神殿门廊或入口大厅前有六根多立克柱，比正面一字排开的八角形立柱略小。

❷ **正殿** 这是一个极为宽敞的大厅，用于放置雅典娜—帕提诺斯雕像；大厅被分为三个大殿，由U形柱廊隔开。

❸ **帕提侬神庙或处女神殿** 在正殿后面是帕提侬神庙，是只有女祭司才可以进入的区域，雅典的公共金库就在这里。

❹ **后殿** 与“前殿”对称的后殿位于女祭司正殿的后方，后殿也有柱廊。

❺ **基座** 三阶基座上部为柱座，形状略微凸起，为神殿带来更佳的视线。

❻ **柱上楣构** 柱上楣构由下楣、三角槽排档和排档间饰构成，略有弧度，为神殿带来更佳的视觉和谐感。

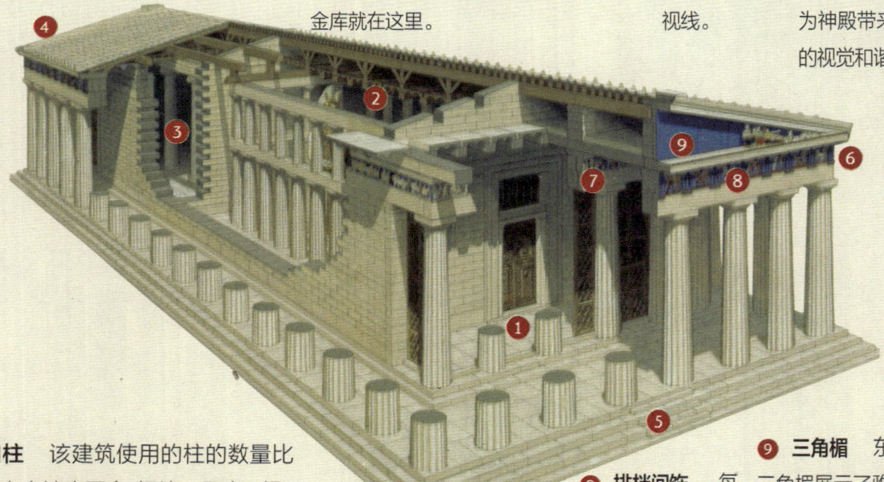

平面和柱 该建筑使用的柱的数量比其他多立克神庙更多：短边一面有8根，长边一面有17根，符合经典的“二倍加一”比例。

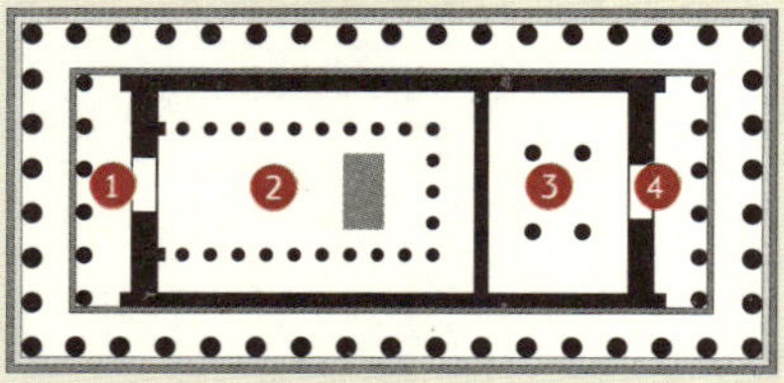

❼ **中楣** 围绕正殿的第二平面是中楣，其上绘制的图案并没有以神话为主体，而是全部与雅典相关。实际上，中楣上绘制的是泛雅典娜节闭幕式，所有城邦都参加了这次庆典。

❽ **排档间饰** 每个排档间饰放置在两个三角楣之间，以高浮雕的形式展示了四场伟大的神话战役：亚马逊之战、巨人之战、半人马之战和传奇的特洛伊战争。

❾ **三角楣** 东边的三角楣展示了雅典娜的诞生，她在其他神灵的见证下从宙斯的头颅中诞生；西边的三角楣则展示了雅典娜和波塞冬为争夺阿提卡所有权的斗争，辅以众多阿提卡的英雄。

这座古老的城堡位于雅典卫城的高地上，在迈锡尼时期和古希腊时期一直都是雅典的中心，人们很早就想要建立一座献给处女女神的神庙，由专门供奉她的女祭司来守护。公元前 4 世纪，德摩斯梯尼首次使用“帕提侬神庙”一词来称呼这座建筑：在此之前，雅典人要么通过建筑的大小指称这座建筑，将之称为“百尺长”（hekatompedon）；要么通过代称法，将之称为“神庙”（ho naos）。但在著名的伊克提诺斯和卡利克拉特以帕提侬神庙称呼这座建筑之前，也就是这座我们今天认为是伯里克利时代雅典精华的帕提侬神庙之前，在雅典卫城的最高处已经有一座献给雅典娜的神庙。根据资料（希罗多德）以及考古发现表明，在那里曾经存在一个早期为女神修建的庙宇雏形。在伊瑞克提翁北面雅典卫城的围墙上发现了这座庙宇柱廊柱身的遗迹。似乎这第一座帕提侬神庙在公元前 480 年未能完工，当时波斯人征服了雅典，并将雅典卫城的所有建筑夷为平地。在希腊取得胜利，宣告希波战争结束之后的 30 年里，在客蒙和伯里克利的领导下，制订了详细的城市美化计划，其中包括重建卫城的建筑，当然也包括这座献给城市守护女神的神庙。

一个城市的骄傲

希腊人和波斯人之间的战争以公元前 479 年希腊人取得胜利而告终，这场战争通过帕提侬神庙的艺术、建筑和美学在历史上留下了不可磨灭的印迹。面对强大的外部势力，希腊人骄傲地捍卫了自身的独立，而这场胜利凭借的正是雅典娜赐给尤利西斯和雅典人民的神圣美德——从城中撤离的计谋，希腊拒绝依附敌对势力，导致了雅典很大一部分建筑遗产遭到无情的破坏。因此有必要以城邦宗教和爱国主义的名义重建城市，使雅典恢复往日的荣光。但是，就像波斯人在第一次出征之后卷土重来一样，还可能有意想不到的新的入侵。因此，雅典将自己置于被民主意识形态所征服的希腊城市联盟之首；这些城邦结成军事联盟，以应对波斯人可能的反扑，对守护提洛岛上共同的财富做出了贡献。

在客蒙统治期间确实出现了一些小规模的冲突，但总的来说，现状得到了维持。在客蒙的职业生涯结束时，以及在他于公元前 449 年去世之后，重建工作一直处于停滞状态，因为他的继任者并没有下定决心处理这一庞大的工程。在建造神庙的过程中，最激进的民主党和保守党之间剑拔弩张，只有等到像伯里克利这样具有人格魅力的领袖出现时，它们之间的紧张关系才得到缓解。对雅典人来说，重建被波斯人摧毁的神庙是一项义务，自卡利亚斯获得和平（公元前 449 年）以来，重建神庙就没有遭遇什么阻碍。要知道公元前 454 年提洛联盟的财库被转移到了雅典，融资多么便利和建设多么迅速就不难理解了。越来越清楚的是，提洛联盟存在的理由不再是来自相对而言受到压制的波斯的威胁，而是出于巩固雅典霸权的考量。雅典的帝国主义加上夺得新的领地和矿产而产生的大量资金，以及原本是联盟成员如今已经转变为向雅典纳税的普通城邦城市不断进献的财富，这一切都促成了这座古典时期最庞大、最昂贵神庙的建成。因此，如果不考虑雅典帝国代表了什么，不懂得雅典帝国的巨大收益、意识形态和宣传，就无法理解帕提侬神庙。

伯里克利的决定

伯里克利多次被雅典人推举为战略家，他不仅是这个城市政治议程的领导者，也是使雅典焕发历史学家修昔底德骄傲地称为“希腊学派”的艺术光彩的设计师。像任何扩张的帝国一样，这座伟大的首都需要一座具有象征意义的建筑。在伯里克利本人的推动下，工程最终开工了，他将神庙的建造委托给巴塞的阿波罗神庙的建筑师伊克提诺斯，以及后来负责卫城尼凯雅典娜神庙建造的卡利克拉特，还委托著名的菲迪亚斯用雕塑来装饰这座神庙。建造工作从公元前 447 年开始，至公元前 438 年结束，但装饰性工程至少持续到公元前 433 年。

在雅典帝国主义扩张期间，神庙的装饰方案也具有政治意义：除了在三角楣上呈现了关于雅典娜的神话外，还应该注意到神殿的中楣表现的场景是对公民生活的由衷赞美。如亚马逊人的抗争等其他神话图案则令人想到希腊人是如何战胜了波斯人。工程的总工期异常短暂，这既可能因为伯里克利成功激起了民众的热情，也可能由于当时处于军事联盟之首的雅典强大的经济实力为神殿的建设提供了大量资金。

菲迪亚斯，古典希腊雕塑家

当伯里克利委托菲迪亚斯监督卫城工程时，菲迪亚斯就已被公认为雅典最好的雕塑家。而当建筑最终完工时，这一杰作使他跻身于有史以来最优秀的雕塑家之列。他的两件主要作品现已不存，分别是矗立在帕提侬神庙内的雅典娜—帕提诺斯，以及奥林匹亚的宙斯——这座雕像被誉为世界七大奇迹之一。

插图　上图，帕提侬神庙中饰有阿尔忒弥斯的中楣碎片；右图，让·奥古斯特·多米尼克·安格尔为这位雅典雕塑家创作的浪漫肖像。

但伯里克利的建筑计划远远超出了帕提侬神庙的范围。雅典人修建了壮观的普罗皮莱亚（Propylées），它是雅典卫城公民建筑群和宗教建筑群具有纪念意义的雄伟入口，古代历史学家也认为它具有巨大的政治象征意义，其造价几乎与帕提侬神庙造价相当；雅典人还修建了一座新的音乐堂，专门用于音乐和艺术表演，但也可以用于举行集会；在伯里克利去世后，还修建了两座较小的神庙，它们都是献给雅典娜的，分别是具有著名女像柱的伊瑞克提翁神庙和雅典娜尼凯神庙。

古代的旅行者

我们能够对雅典卫城宏伟的建筑群中矗立的神庙有相当准确的概念，还要感谢保萨尼亚斯和普鲁塔克两位希腊作家在公元前 2 世纪对它的描述。前者是罗马时代希腊各地区旅行指南的作者，他谈到了“他们称之为帕提侬神庙”的庙宇，并描述了其外部供奉的雅典娜雕塑。然而，真正令他惊叹的是神庙内巨大的女神雕像，即由菲迪亚斯创作的著名的黄金象牙雅典娜雕像。这尊令人震撼的艺术作品展示了女神身着长袍，手持长矛，头戴战盔，手握装饰精美的盾牌，一手托着带翅膀的胜利女神尼凯。女神的双臂上、臂甲上装饰着狮鹫，胸甲上则饰有一位戈尔贡族人，即著名的美杜莎。

盾牌旁边有一条巨蛇雕像，希腊作家认为这是雅典国王的祖先埃里克托尼奥斯（Érichthonios）。[第一位国王应该是厄勒克修斯（Érechthée），埃里克托尼奥斯是头怪兽，它出身神秘，而且与雅典娜关系密切。] 传说锻造和工匠之神、瘸腿的赫菲斯托斯在追求雅典娜这位处女女神时，一不留神过于靠近，虽然女神躲开了，但赫菲斯托斯却在她的大腿上射了精。雅典娜感到非常恶心，清理了污渍。但神的精子降落在雅典卫城的土地上，使大地受孕，立即诞下半人半蛇的英雄埃里克托尼奥斯。雕像的底座上还装饰着一个与女神有关的图案，诗人赫西奥德称：众神创造了潘多拉，她是第一个女人，雅典娜赋予了潘多拉狡猾的天赋和编织的艺术。正如神话所言，潘多拉是在厄勒克修斯的安排下送到人类身边的，惩罚普罗米修斯的欺骗行为以及人类的不敬。

雅典娜—帕提诺斯，巨大雄伟的神话雕像

菲迪亚斯的雕塑作品凭借在帕提侬神庙完成的宏大创作达到了巅峰，这一作品就是帕提侬雅典娜。这座雕塑未能保存至今，但有一些尺寸较小的复制品流传了下来。巨大的雅典娜—帕提诺斯雕像原本计划放置在帕提侬神庙中央，是一座由黄金和象牙制成的雕塑：木头上覆盖着铜板，铜板上又覆盖着金片和象牙片。仅其装饰物就使用了超过一吨的黄金，总成本高达700塔兰，相当于建造一支拥有300艘船的舰队的费用。这座雕像高度超过11米，为女神立像，她穿着长袍（帔络袍），腰间系着双蛇腰带，头戴着阿提卡战盔。雅典娜的头略微向前倾斜，秀发的发卷垂落在胸前，象牙胸甲护住女神的前胸，胸甲中央饰有美杜莎的头。雅典娜左手持有一面直径为4米的盾牌，盾牌上描绘着纪念希腊人战胜波斯人的神话战斗场景。她的右手托着一只1.85米高的“小型”带有翅膀的尼凯（希腊神话中的胜利女神）。最后，雅典娜以长矛为武器，脚下盘踞着一条蛇。在基座上饰有潘多拉诞生的图案。可以说，雅典娜—帕提诺斯雕像展示了雅典城的财富和力量，象征着各城邦能够调动惊人的财富对抗一切来犯之敌。

插图 上图（右），菲迪亚斯雕像的当代大理石复制品，高度为1米（现藏于雅典国家考古博物馆）；上图（左），彼得·康诺利制作的复制品。

赞扬和批评

普鲁塔克在其关于希腊—罗马古代伟人的鸿篇巨制《平行生活》中的《佩里德斯的生活》中，对帕提侬神庙的建造时间和古典雅典非凡的艺术创作氛围进行了浓墨重彩的描述。一群工匠潮水般涌入城中，把城市变成了创意活动的蚁穴——木匠、铁匠、雕塑家、画家、雕刻师不一而足。各类商人数量庞大，他们为这支工人大军提供建筑材料和食物，同时也提供住房、服装和娱乐。普鲁塔克描述了在这个雄心勃勃的公共建设计划绵延的10年中，整个雅典都沉浸在狂热之中。罗马时期的希腊作家为此惊叹不已，称该建筑完成时间之短，在同时代无出其右。他还记录了这项宏大工程引发的一些批评，他认为这项工程从一开始就存在很大的争议：建筑材料价格不断上涨，一些建筑师和工程的推动者被人指控腐败。在诸多丑闻中，与伯里克利关系密切的知识分子圈对这部分丑闻极为敏感，据说一些雅典人在亚马逊之战的雕塑中辨认出某些希腊战士是真人肖像：某个士兵神似菲迪亚斯本人，另一个则神似伯里克利将军，凡此种种。似乎该案件以这位著名雕塑家被判处监禁而告终。项目的反对者不仅对修建工程投入的巨额资金大加指责，而且对城市盟友的掠夺大肆抨击。实际上，联盟成员城市并不认同将他们的钱财和提洛同盟的财富用于美化和颂扬雅典。尽管如此，这座建筑还是很快成为整个历史时期的象征，并以一种超凡的方式在集体想象中经久不衰。当城邦时代不再只是一个记忆，这座建筑便继续代表着古典雅典的荣耀，即伯里克利时代的荣光。

古典主义之后

今天，尽管经历了几个世纪的岁月洗礼，帕提侬神庙的景观依然光彩夺目。雅典守护神的神庙见证了希腊化时代和城邦权力的终结，甚至被德米特里欧斯·波利奥塞梯斯国王用作私人宴会厅。

随着时间的推移，帕提侬神庙获得了罗马人的推崇，他们像西塞罗和希腊皇帝哈德良一样，为雅典娜神庙神话赋予一种文化荣耀的象征。在古代末期和中世纪早期，这座神庙被改造为基督教教堂，并更名为雅典圣母院。当十字军蒙费拉的博尼

伊瑞克提翁神庙　爱奥尼亚式神庙的景观，这座神庙由建筑师菲洛克莱斯建造，著名的女像柱坐北朝南。伊瑞克提翁神庙供奉着雅典娜、波塞冬和厄勒克修斯。

法斯于12世纪占领雅典时，这座城市已经沦为小镇，但雅典的大主教迈克尔·阿科米纳特在深知这座城市与它在伯里克利的辉煌时代已经相距霄壤的情况下，仍然在讲道中回顾了古典时代的伟大人物。

拉丁人（希腊人称西欧人为拉丁人）的十字军东征后建立了雅典公国，雅典卫城的教堂落入天主教之手，很多年后，加泰罗尼亚雇佣兵团征服了这座城市。帕提侬神庙随后落入加泰罗尼亚神职人员的手中。阿拉贡的礼仪者佩德罗四世对神庙的宏伟深感震撼，宣称它是“世界上最珍贵的宝藏，世界上所有的基督教统治者想要模仿这座神庙都是徒劳”。1456年，穆罕默德二世从拉丁人手中夺取了雅典，将帕提侬神庙变为清真寺。众所周知，两个世纪后，在威尼斯人围攻这座城市的时候，

泛雅典娜节中楣：雕塑惊天之作

占据帕提侬神庙中楣的大理石雕塑群是雅典卫城较大的雕塑之一。虽然无法十分确定，但该中楣可能是在菲迪亚斯的指导下设计的。究竟有多少雕塑家参与了这个大约始于公元前443年的项目不得而知，但据估计有100人左右。作品中使用的5厘米厚的大理石块是从雅典北部著名的彭特利库斯山采掘的。该中楣的主题是泛雅典娜节的宗教游行，也是城市的象征。该作品最终完成于公元前438年，其最初长度为160米，大部分流传至今，尽管不同部分分布在世界各地的许多博物馆中。

插图 泛雅典娜节门楣的碎片（现藏于巴黎卢浮宫博物馆）和新古典主义建筑师和艺术家卡尔·弗里德里希·申克尔重现的帕提侬神庙施工现场。

一颗炮弹落在了这座被奥斯曼人改造成火药库的神庙上。最后一击则来自英国驻奥斯曼帝国大使埃尔金伯爵，他在1801年至1806年期间从装饰神庙的门楣上移走了许多大理石，并把它们带到了伦敦。它们现在在大英博物馆展出。尽管如此，破烂不堪的雅典娜神庙正逐渐从废墟中走出来，展现出她全部的迷人力量。

月神塞勒涅之马 这只马头最初由菲迪亚斯在公元前 442 年至公元前 438 年制作，位于帕提侬神庙的东侧三角楣上，是塞勒涅女神马车的一部分（现藏于伦敦大英博物馆）。

斯巴达战士

这座公元前 470 年的半身像通常被认为与斯巴达君主列奥尼达斯有关（现藏于斯巴达考古博物馆）。

插图（右侧） 波斯弓箭手，这一陶瓷作品的制作年代在公元前 520 年至公元前 500 年（现藏于伦敦大英博物馆）。

希波战争

公元前 5 世纪之初，波斯帝国正处于辉煌的巅峰时期，波斯军队似乎绝无可能战败。在征服欲的驱使下，阿契美尼德王朝的大流士一世将目光投向了希腊，占领这个海上和殖民国家便可以完全控制爱琴海地区。但是，希腊各城邦早已组织起来，结成联盟，一战又一战，最终成功地击退了波斯这个强大的敌手。

被大流士一世任命为米利都僭主的雅典将军希斯提乌斯以及他的女婿和表弟阿里斯塔戈拉（当他被任命为波斯国王的顾问时继任僭主），在小亚细亚爱奥尼亚城市贵族和阿契美尼德帝国统治者之间建立了密切联系。然而，阿里斯塔戈拉和波斯代理人梅加贝特之间的摩擦最终升级为对抗，导致了爱奥尼亚人对波斯帝国的反叛。这是漫长的希波冲突的开端，历经希波战争之后，直到亚历山大大帝著名的亚洲远征时才最终落下帷幕。对希波战争相关事件的描述主要通过希罗多德的编年史流传下来，其中的一些主要人物在历史上无疑举足轻重：波斯人大流

米堤亚战争的大型战役

公元前493年

拉德 在米利都附近发生的海战，大流士一世的波斯舰队成功平息了爱奥尼亚人的叛乱。

公元前490年

马拉松 雅典军队大获全胜；波斯人意识到其扩张计划终有竟时。

公元前480年

温泉关 斯巴达人经过英勇的抵抗最终惨败，但还是成功将人数数倍于己方的波斯军队拖住了几天时间。

公元前480年

萨拉米斯 地米斯托克利率领的希腊部队出人意料地在海上击败了强大的波斯舰队。

公元前479年

普拉塔亚和米卡里 波斯人在希腊和小亚细亚接连失利，这最终为第二次米堤亚战争画上了休止符。

公元前466年

尤里米顿 希腊海军大捷，为希腊—波斯最后的冲突画上了句点，迫使阿契美尼德人撤退。

希腊—波斯战争的战场

米堤亚战争始于爱奥尼亚城市人民反抗萨特拉的起义（起义遭到阿契美尼德帝国镇压），随着大流士和薛西斯的扩张主义的狂热而逐步升级，并以波斯人最终撤离爱琴海告终。

在希腊人和波斯人的对抗中，有几场极为有名的战役。有一场战役对两个阵营都具有至关重要的意义，因此可能是其中最重要的一场战役，它就是在距雅典几公里之外发生的萨拉米斯战役。而马拉松战役也发生在雅典附近，但在更靠北一些的波欧提亚的普拉塔亚。此次战役终结了在希腊领土上爆发的第二次米堤亚战争。在塞萨利亚人的土地上发生的温泉关战役，因斯巴达人顽强抵抗而带有英雄主义的光辉色彩。然而，并非所有战斗都发生在希腊境内。在小亚细亚，爱奥尼亚人的起义点燃了拉德和萨迪斯之间的冲突，而与普拉塔亚战役同日发生的米卡里战役同样发生在这个地方，结果也完全一致：希腊人获胜。

士、薛西斯和玛尔多纽斯，希腊人小米蒂亚斯、地米斯托克利和列奥尼达斯。所有这些人都可以轻而易举地与第一部《荷马史诗》中的英雄相提并论：阿喀琉斯、埃阿斯或赫克托尔。希罗多德对战争生动而忠实的记叙中多处夹杂着这些人物史诗般的演说，同时从士兵的角度对战斗进行了栩栩如生的描述。

帝国权力中心认为爱奥尼亚起义和波斯人在西方的第一次战役并无大碍，但是在庞大的阿契美尼德帝国外围发生的这一系列相对无关紧要的事件，源于梅加贝特和阿里斯塔戈拉之间的私人争端，这场争端最终导致了小亚细亚的爱奥尼亚人与波斯君

主之间爆发超出普通规模的冲突。爱奥尼亚希腊人起义反叛阿契美尼德的统治当然还有其他原因，例如来自腓尼基贸易站日益激烈的竞争。在提尔、西顿和贝里罗斯的贸易站也被波斯人控制起来，此外，受到波斯人在色雷斯扩张政策的影响，爱奥尼亚城市的贸易严重受损。并没有证据表明爱奥尼亚民族起义，甚至可以说是具有民主雏形的爱奥尼亚起义是最终发生叛乱的原因。另一方面，希腊有一些城市没有参与叛乱，这些城市在很大程度上表现出犹豫和消极的态度，这表明当时并不存在抵抗东方超级大国的希腊统一战线。

米堤亚德的头盔

据传，米堤亚德将军在雅典取得马拉松战役的胜利后，亲自将他刻有自己名字的头盔献给奥林匹亚的宙斯神庙（现藏于奥林匹亚考古博物馆）。

第一次波斯战役

公元前 499 年，抵抗波斯人的起义从米利都蔓延到小亚细亚。倘若没有巴尔干半岛希腊城市的坚定支持，起义者的成功机会将会十分渺茫，然而在伯罗奔尼撒联盟中拥有进攻优势的斯巴达却没有表现出同意给予起义者军事支持的意图。这场战役爆发时，斯巴达人因与阿尔戈斯即将发生的冲突而分身乏术，同时还因希洛特的叛乱而形成腹背受敌之势。斯巴达当时的军事实力无法承受不确定结果的行动因而将部队调往国外，承担自己分崩离析的代价。也不能指望阿尔戈斯、科林斯、波欧提亚或爱琴海各岛屿城市的支持，因为这些城市本身也身陷地区冲突的泥潭。只有雅典和埃维亚的埃雷特里亚响应了求援的请求，它们都向爱奥尼亚派出了船只和军队。然而，尽管初期取得了一些胜利，如摧毁了萨蒂斯，但不可避免的战败威胁始终笼罩着这支部队，他们根本无法遏制势不可当的波斯人的进攻。公元前 493 年，波斯军队攻陷米利都，起义军的大本营化作乌有，抵抗运动宣告失败。爱奥尼亚起义、希腊人的救援和最终的惨败在雅典引起了巨大的震动。这在雅典文学中，如弗里尼乔斯的悲剧《攻占米利都》中可见一斑。雅典公民看到这部戏剧之后惊慌失措，禁止这部戏再度上演。据传，这位剧作家因令人回想起雅典被波斯人攻破等种种不幸而遭到罚款。

这些事件带来的影响也在镇压爱奥尼亚起义之后体现出来：波斯帝国立即将注意力转向了向叛军伸出援手的欧洲希腊人。万王之王无法容忍这种藐视权威的行径，按照阿契美尼德王朝对叛军毫不留情、惩前毖后的传统，他立即组织了一次对包括色雷斯在内的与其欧洲属地接壤地区的征讨。早在公元前 525 年，康比兹就用波斯人的枷锁控制了具有传奇色彩的埃及；大流士取得了新的被征服的土地，吞并了多瑙河口的诸国，不久之后又吞并了马其顿。雅典人曾向爱奥尼亚人施以援手，这在波斯人眼中就表明了雅典和埃雷特里亚在政治上沆瀣一气。雅典人在爱奥尼亚起义中施以军事援手与为波斯人在希腊开展武装干预提供了现成的理由。计划中出兵雅典和埃雷特里亚也许只需要现成的借口，这次征战为波斯人征服希腊进而在欧洲大陆建立阿契美尼德王朝的霸主地位铺平道路。不应忘记的是，这一计划甚至得到了许多希腊人，即支持僭主政治的人士的支持，其中就包括庇西特拉图的儿子希庇亚斯本人，他在倒台失势后被逐出雅典。希庇亚斯在波斯境内避难，厉兵秣马，支持波斯军队的入侵计划，期望能够在雅典恢复僭主统治。

在波斯人骇人的战争威胁下，一部分希腊城市归顺于阿契美尼德的统治，并迅速选择了站在波斯一方。但雅典人和斯巴达人的反应与此截然不同，他们从一开始就表现出激烈的反对。事实上，他们彻底拒绝了万王之王的最后通牒，斩杀了他派来的多个使者，这明显置外交惯例于不顾，断绝了所有可能达成协议的途径。然而，在达提斯和阿尔塔佩恩的共同指挥下，波斯舰队在第一次出征时并未能取得进展，最终在阿提克半岛马拉松平原上的一次对峙中，米堤亚德领导的雅典重装步兵成功击退了一支波斯部队。根据编年史记载，这场战斗发生在公元前 490 年 9 月 12 日。

马拉松之战

马拉松平原是交战双方选定之处。一方面，长长的海滩为波斯特遣队的进攻提供了充足的空间，而雅典军队仅有区区 9000 人，辅助兵不过 1000 人左右。另一方面，米堤亚德知道，不规则的地形可以使希腊人在北方更具优势，这种地形能够挫败波斯骑兵和阿契美尼德轻步兵的进攻图谋。雅典人希望让重装步兵近身肉搏，因为在近身战上，雅典人强大的重装步兵部队胜算更大。不仅如此，战场选定在相距不远的两河合围之处，因为此处不再受到波斯舰队的威胁。雅典人派出了一支由重装步兵组成的军队，士兵们身披胸甲、手持长矛和重盾，装备齐全来到战场。挑选出最优秀的战士组成方阵，正面对抗达提斯和阿尔塔佩恩指挥的波斯国王的军队。据说，被废黜的雅典僭主希庇亚斯在波斯军中充当向导和顾问，随大军一同奔赴战场。

在战斗中，雅典的重装步兵以坚定团结展示出他们为之一战的关于公民身份和自由的理想，每名步兵的存活都有赖于身边的战友护住侧翼而进行顽强抵抗，每名士兵都坚守阵地。多排士兵组成方阵，这样如果有士兵倒下，就可以立刻有人替换

阿里斯季翁碑柱

在这座由阿里斯托勒斯于公元前510年至公元前500年制作的浅浮雕上，我们可以看到一位希腊重装步兵，穿着轻巧舒适的衣服，在米堤亚战争中对抗波斯人的战士们穿的应该就是这种样式的衣服。作品的底座上刻有阿里斯托勒斯的名字（现藏于雅典国家考古博物馆）。

马拉松：希腊战术的胜利

马拉松战役发生在公元前490年，它为第一次米堤亚战争画上了句点：雅典军队凭借作战有力和机动灵活，几乎凭一己之力击溃了波斯军队。

雅典军队在卡利马库斯和米堤亚德的率领下，在普拉塔尼方阵的增援下与敌人正面对峙。波斯舰队很可能在前雅典僭主希庇亚斯的建议下，选择在马拉松海湾登陆，希庇亚斯这时已经成为波斯人的盟友，他建议在这里登陆，是因为此处为平原地区，地形有利于阿契美尼德部队的兵力部署。

❶ 雅典人向前推进。面对登陆的波斯人所带来的威逼，雅典人没有等待斯巴达人前来增援，在其侧翼受到保护的情况下，雅典人放弃了自己的高位阵地，冲向敌阵，而敌人也毫不犹豫予以反击。

❷ 希腊人的钳形攻势。雅典方阵的中央主体部分向后退却，引诱着波斯军队深入追击，进而落入雅典人的合围陷阱，希腊人的侧翼闪电般地向前突进，形成合围之势，将波斯人团团围困。由于波斯人已经落入天罗地网，无处可逃，希腊人获得了压倒性的胜利。

补位，后卫部队不断向前推进，保持着军队士气。波斯人则拥有强大的骑兵优势，米堤亚德的作战计划则是通过使用方阵作为冲击部队来化解这些骑兵的威力。

可以确信的是，波斯人由于当时获得分配的资源有限（仅在步兵方面，波斯军队就有20万人），因此并不具有人数上的优势，但在人数上来说波斯和希腊部队不相上下，有1万至1.2万名士兵，战力仍然不容小觑，虽然他们都是从海上过来的，大大限制了他们潜在实力的发挥。在正面对攻时，来自雅典重装步兵的冲击忽然退去了；雅典军队中翼出乎意料地向后方退却。波斯人

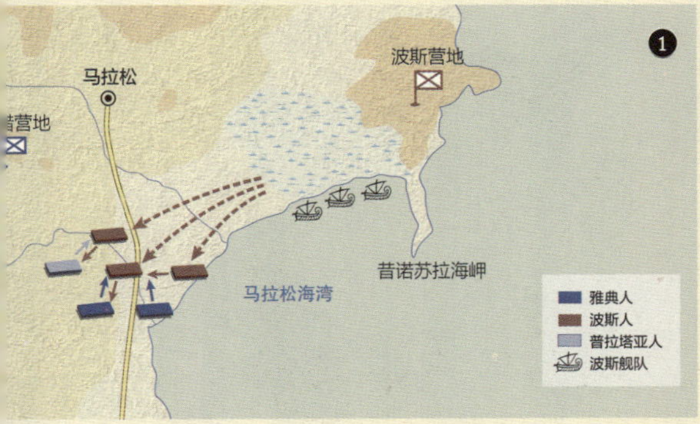

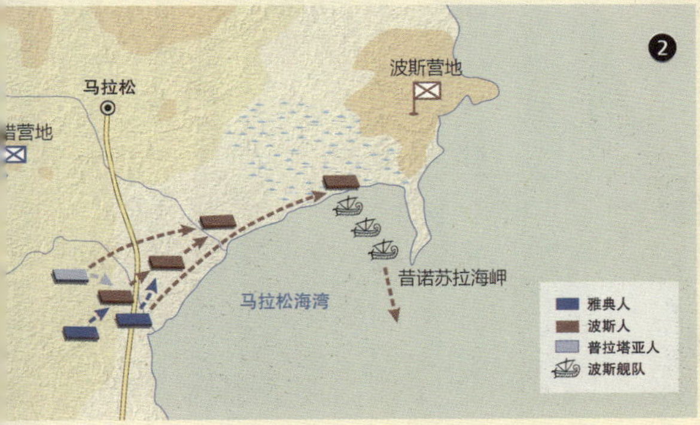

马拉松的信使 墓碑出土于雅典提塞翁，约完成于公元前5世纪：一般认为与菲迪皮茨那场著名的奔跑有关（现藏于雅典国家考古博物馆）

以为已经成功击溃了重装步兵的冲击，便再度燃起斗志，仓促间对雅典队形中翼发起猛攻，波斯主力跟随其后。就在此时，波斯人意识到他们中计了，这个计策完全建立在希腊方阵快速移动的基础之上。方阵从东西两翼立刻娴熟地将波斯人团团围住。他们行动之快证实了这个方阵作为冲锋的先头部队机动灵活无可匹敌，希罗多德对这支专业的队伍的描述委实惊心动魄。波斯人伤亡人数约有 7000 人，说明大流士军队遭受了惨败，而按照希腊一方的记述，在这场战斗中仅有 192 名雅典人命丧敌手，这个数字显然被大大低估了。

这场胜利很快成了一个神话，它让希腊人深信自己作为自由捍卫者坚不可摧。著名的菲迪皮茨竭力奔跑就是个完美的例子。据传，米堤亚德决定派他跑得最快的士兵菲迪皮茨报信，把军队战胜敌人的消息送出去，因为他充分意识到波斯舰队仍在威胁着雅典。菲迪皮茨拼了命地飞奔到约 42 公里以外的雅典，到了城里，他高呼着“Nenikékamen”（“我们赢了”），然后便倒地而亡。

在纪念这场史诗般的胜利时，雅典公民欢庆自由得以维护，他们在希腊至高无上的地位得以守卫，同时，这也让雅典人更加坚信他们所采用的新政治制度合理合

法。埃斯库罗斯墓碑上著名的墓志铭为我们提供了一个很好的例子，让我们了解马拉松之战对雅典人究竟意味着什么。埃斯库罗斯是他所在的那个时代最著名的戏剧诗人，广受赞誉，在所有文学比赛中未有败绩。但就是这样的一个人，他只希望人们记住他曾经参加了马拉松之战，他要求在他的墓碑上刻上这句简短的话："埃斯库罗斯——欧弗里翁之子，富饶的格拉的骄傲。马拉松之战见证了他的勇气，长发的米堤亚人也见识了他的果敢。"

然而，尽管马拉松之战的战略策划者米堤亚德起初因战役的胜利而广得赞誉，但他日后的命运也让我们看

雅典胜利

这座表现马拉松战役的浅浮雕原放置于罗马帝国时代的一个石棺中（现藏于布雷西亚罗马公民博物馆）。雅典在马拉松的军事胜利对阿提克城而言至关重要，从那一刻起，雅典就倚仗大败波斯对希腊邻国实行霸权；然而在波斯人眼中，这次失利不过是远征中的一场败仗而已。

到雅典政治管理体系中对群众的煽动和许多流弊恶习，他的命运为我们提供了一个绝佳的例子。米堤亚德早在公元前 499 年参加了爱奥尼亚起义，那时就已经证实了这是位果敢无畏的勇士。他不得不在雅典议会上面对僭主的指控，甚至被关进监狱。但自从当选马拉松迎战波斯人的十将军之一后，他在人民心中的地位大为提升，被认为是提出了最终击败恐怖敌人战术的人。然而，当米堤亚德率领由 70 艘船组成的远征军，去讨伐之前支持波斯人的希腊诸岛时，他的星光黯然陨灭。远征无功而返，米堤亚德也在这次远征中受伤，来自阿克麦翁尼迪家族的政敌便趁机指控他叛国，并要求判处他死刑。最终死刑判决被减为处以巨额罚款，而米堤亚德仍被关进监狱，可能由于重伤不治而死于狱中。他的儿子客蒙是雅典“伯里克利世纪”的一位重要人物，他清偿了父亲的债务，跻身政界。正是在米堤亚德遭到指控之后，雅典人民选择用一种民主制度来对抗贵族家族的权力，这个民主制度最早由克利斯梯尼提出，但却从未付诸实施，这个制度就是陶片放逐法。自此后，在雅典从政便意味着要走上一条陷阱密布的道路。米堤亚德死后产生了权力的真空期，地米斯托克利作为新的民主领袖登上舞台，得到了民众阶层的支持。然而，他所要面对的是一位强劲的对手，即被称为“正义者”的阿里斯蒂德。阿里斯蒂德是一位保守派，也曾在马拉松战役中表现优异，并在战役次年当选为执政官（公元前 489 年—公元前 488 年）。

无论如何，马拉松之战都是古典希腊历史的一个转折点，同样也是雅典荣耀历史的一个转折点。马拉松之战与作为雅典文学巅峰象征的三位悲剧诗人之间的关联大抵如下：马拉松之战汇集了雅典黄金时代的这三代人，埃斯库罗斯参加了这场战斗；索福克勒斯（生于公元前 496 年）在战役发生时还是个孩子，他将永远铭记这场胜利；而展现了雅典如何逐步走向衰落的第三位剧作家欧里庇得斯，正是在马拉松之战这一年出生。除了在文化方面具有深远影响之外，这场战役还标志着雅典军事力量的崛起，因为斯巴达人并没有参与这场战役。

在米堤亚德取得胜利之后的几年时间里，尤其是民主雅典的政治阶级在马拉松平原上夺取胜利之后的几年里，这座城市简直让地米斯托克利着了魔。他是坚定地统治雅典政治人士的新任铁腕人物，同时在面对波斯人为了报复在马拉松遭受的失

自由联盟，古代的军事联盟

某些城邦意识到自身战斗力薄弱，便从公元前 6 世纪开始建立自由联盟，即城市之间结成的军事联盟，各城邦承诺在防御（帮助被攻击的盟友）或进攻（组织攻击共同的敌人）中出兵。在整个公元前 5 世纪以及之后的一段时间，自由联盟是希腊人民经常采用的一种结盟形式。

希腊联盟或同盟从理论上来说被认为是城邦国以平等的地位结成的自由联盟，但实际上，更常见的情况是某一个城市将其观点强加给其盟友。希腊联盟可能是最成功的联盟，它建立于公元前481年，目的是抵抗入侵的波斯人。然而，公元前5世纪最著名的联盟是提洛联盟和伯罗奔尼撒联盟，尽管这两个联盟成立的目的是希望令一座城市（雅典或斯巴达）得以行使统治权。以底比斯为首的古代彼俄提亚联盟也是如此。在接下来的一个世纪里，建立了多个这种类型的军事联盟：埃托利亚联盟、阿卡迪亚联盟和科林斯联盟。

插图 公元前400年左右制作的雅典墓碑，展现的是握手告别仪式，握手象征着达成了友好和相互保护的契约（现藏于雅典国家考古博物馆）。

利而已经准备好大规模陆地攻势的情形下，他仍然坚持发展海军的战略。然而马拉松之战在波斯王眼中无疑只是一场小规模的战斗而已。

第二次波斯出征

第一次出征发生在大流士统治时期。大流士把远征的任务交给了马尔多尼乌斯和达提斯，前者于公元前 492 年率大军踏上了色雷斯的土地，后者则在马拉松遭遇失败。同时新王薛西斯正在准备军事行动，特点在于这次的规模更大，人数更多。

第一次出征是典型的波斯人在帝国外围进行的报复性远征，旨在平息潜在的反叛行为。但薛西斯已经意识到，希腊人并不只是威胁波斯西部边境的遥远的叛乱者。公元前 483 年，波斯国王为一场新的军事行动做了充分的准备。希罗多德为我们详细描述了军队组织和武器装备，这为我们展示出一幅波斯帝国权力结构的画卷，在薛西斯统治时期，波斯帝国正处于鼎盛时期。陆军的构成反映出阿契美尼德王朝多民族的特点，由从米堤亚到亚美尼亚以及更远的地方招募而来的各民族部队、伊朗各民族部队、辽阔的东部各省以及小亚细亚地区各省组建的部队，甚至包括归属于波斯主权的希腊各城市的部队，都将参加薛西斯的亲征。与陆军协同作战的波斯舰队，主要由小亚细亚的爱奥尼亚人以及波斯统治下的腓尼基和塞浦路斯城市的船只组成。

如果历史学家埃福罗斯所述准确，即薛西斯与地中海西部最强大的城市迦太基结成联盟，那么就证明了第二次米堤亚战争波及的范围无比之广，可以说是古代世界的第一次国际冲突。这一联盟的目的无疑是防止大希腊和西西里地区强大的希腊城市，如锡拉库扎和其他西方势力，向其母国各城市，即希腊大陆的爱奥尼亚和多里亚地区的城市提供有效的军事援助。

这显示出波斯帝国的外交活动影响深远，特别是在影响巴尔干半岛的人民和城市方面很可能取得了巨大的成功。事实上，这种骗取信任的策略使得马其顿、塞萨利、波欧提亚、阿尔戈斯和基克拉泽斯的许多岛屿在冲突期间保持了中立的立场：他们在波斯军队过境时并未采取任何抵抗，而在必要情况下，他们还可能向薛西斯的军队施以援手。

然而，在公元前 481 年，面对波斯人入侵的危险，希腊中部和南部的大约 30 个城市，在斯巴达、雅典、梅加拉、伊吉纳、科林斯和其他一些城市的领导下，共同组成了一个军事联盟（自由联盟，symmachia）。在不同城邦各自权力范围内达成某些协议后，这一联合倡议才得以化为现实。面对近在咫尺的外部威胁，希腊大陆最强大的城市之间几世纪的争端得以终结；在宣告全面和平后，盟军同意由斯巴达指挥海上和陆地的军事行动。

温泉关之战

在温泉关的一处山口，发生了可歌可泣的壮烈一幕，这一幕和其他的英勇斗争一起塑造了斯巴达人的精神威

大流士接见使节

由大流士指定的画家制作的双耳爵残片，于公元前 6 世纪在大希腊地区中部完成创作（现藏于那不勒斯国家考古博物馆）。

濒死的勇士

（第 108—109 页）

这座埃伊纳岛阿菲亚雅典娜神庙出土的雕像，制作于约公元前 480 年米堤亚战争期间（现藏于慕尼黑州立文物博物馆古代雕塑展览馆）。

斯巴达重装步兵和温泉关之战

斯巴达人民的英勇精神无疑在温泉关保卫战中得到了淋漓尽致的展现。尽管斯巴达人、塞斯皮亚人和底比斯人战败且伤亡惨重，但他们丝毫没有放弃阵地的念头。

为了从陆路进入希腊腹地，攻陷雅典及其盟友之地，薛西斯国王身先士卒，率领一支人数庞大的多民族军队穿过色雷斯和马其顿进军。为了阻止波斯人向前推进，由斯巴达国王列奥尼达斯率领一支重装步兵部队向前突进，在塞萨利的隘口温泉关与波斯人正面相遇。经过三天不眠不休的抵抗，一个名叫埃菲亚尔提的牧羊人出卖了希腊人，他带领波斯人顺着一条狭窄的小路将希腊人擒为俘虏。许多希腊人得到了警示选择撤退，而斯巴达人、塞斯皮亚人和底比斯人拒绝离开阵地，他们决心承受这一决定的残酷后果。

插图 两个外国战士之间奋勇搏斗的重装步兵。公元前6世纪制成的希腊陶器（现藏于伦敦大英博物馆）。

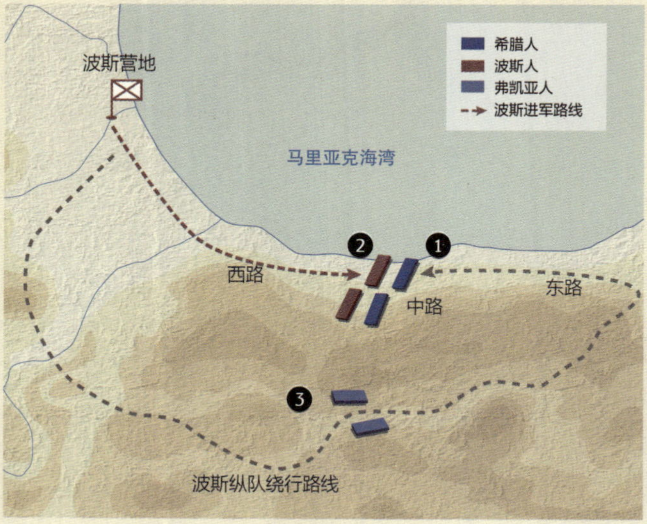

❶ **列奥尼达斯的兵力** 据传，列奥尼达斯的队伍由300名斯巴达重装步兵、1000名希洛人、400名塞斯皮亚人和400名底比斯人组成。

❷ **薛西斯的军队** 由数万人组成的波斯军队面对敌军时遭遇了最严峻的考验，而敌方人数远不及己方。

❸ **弗凯亚人的士兵** 1000弗凯亚人扼守旁路，在敌人到来之前撤退，龟缩在自己的阵地上。这使得波斯人向前推进时没有遇到丝毫阻力。

望。传说中的斯巴达300勇士（更可能是5000勇士）在国王列奥尼达斯的带领下，正面迎击强悍无比的波斯军队。所有的战士都慷慨赴死，但他们的牺牲成功地拖住了薛西斯一段时间，希腊舰队才得以在公元前480年夏天获得喘息的机会，在优卑亚岛北部的阿尔特米西亚战役中重创波斯舰队。温泉关和阿尔特米西亚海角见证了两幕英勇的但性质完全不同的战斗，然而这两场战役都对希腊人的精神带来了相同的影响，让他们再度燃起抵抗的勇气和意志。

然而，希腊人的战斗潜力被证明不足以抵挡波斯人的兵力部署。薛西斯的军队无情地推进至希腊的中心地带，可以想见这将使希腊面临无解的灾难：抵御如此众多的集结部队根本就是一场豪赌。雅典已经在波斯先锋队射程之内，面对这迫在眉睫的危难，一分钟都不能浪费，必须组织起来战斗。但是，希腊行兵必须首先得到审查批准。雅典的铁腕人物地米斯托克利多年来一直担心会发生这种规模的入侵——虽然大流士之死和埃及爆发的反抗波斯人的起义延缓了入侵的到来。由于波斯军队很有可能向雅典进军，而且想要在陆地上战胜波斯军队几乎不可能，所以地米斯托克利制订了一个备用计划。

他的策略是动员一支庞大的舰队来抵抗很快就会到来的第二次阿契美尼德人的进攻。尽管最初人们尚有一丝疑虑，但还是选择信任组建好的舰队，据希罗多德记述，这支舰队是根据雅典获得的一个著名神谕而组建的。

地米斯托克利的策略

德尔斐神谕在米堤亚战争中发挥了非常积极的作用，尽管起初神谕显示战争局面有利于波斯人（一些预言指责米利都是万恶之源，并建议克尼迪亚人、阿尔吉亚人和克里特人不要与波斯人作战），但很快预言转而认为希腊人采取的行动是正当的，尤其是地米斯托克利设计的海军战略。对雅典人而言，神谕起初显得模棱两可，但再次祈求神谕后，神谕则预言在遭遇波斯人攻占城市中心的第一次挫败后（“所有的刻克洛普斯的守护者和西塞隆山的圣穴都被夺取时”），雅典人将最终获胜：因为宙斯在适当的时候，会给他们“一道木墙，使雅典免于被摧毁，它能够保佑你们的子孙”（《历史》第八卷，141）

“木墙”（teichos xylinon）这种晦涩难懂的表达在雅典激起了激烈的争论：有人主张在卫城修建一道木墙；还有人，例如地米斯托克利等人主张应当信赖（木质的）雅典舰队，并尽快撤离雅典。等到声势浩大的波斯军队打败了列奥尼达斯率领的300名斯巴达勇士，并越过了塞莫比莱，第二种提议开始占据上风。神谕还表示：“不要坐等骑兵和步兵从陆路来犯，撤退吧。”这支持了地米斯托克利的观点，他把所有的希望都寄托在雅典的海军上。可以看到，在神谕中宗教和政治仍然是统一的，这些神谕为地米斯托克利麾下的雅典军事将领的行动提供了理由。事实上，地米斯托克利曾主张扩大雅典的海军力量，并利用劳里昂银矿的丰厚收入来建造一支由200艘三桅帆船组成的新舰队。

与此相反，他的竞争对手阿里斯蒂德建议将矿场收入分配给公民。最后，由于各种各样的原因，地米斯托克利和他的政策胜出。公元前483年，他的对手通过陶片放逐法被流放。有一则逸事讲述一位目不识丁的选民，他根本就不认识阿里斯蒂德，此人走到阿里斯蒂德面前，请他在陶片上写下被告的名字：“阿里斯蒂德”；阿里斯蒂德便问他究竟是何情形，阿里斯蒂德曾经因为什么冒犯过他。那人答道：“没有，我都不认识他哩，但我听大家都叫他正义者，真的听烦了。”（普鲁塔克，《阿里斯蒂德的一生》）于是阿里斯蒂德什么都没有说，在陶片上写下了自己的名字，之后便离开雅典开始了流亡生活。但在大赦之后，他很快又回到了雅典，并在萨拉米斯岛战役中仍然忠心地向地米斯托克利施以有力援手。阿里斯蒂德活了很大年纪，最终见证了自己的老对手地米斯托克利被陶片放逐法流放他乡，但却没有等到亲眼见证伯里克利登上历史舞台。

人们对这场战争中所有戏剧化的事件如数家珍。地米斯托克利提出弃城而去是一个非常痛苦的决定：人所共知，对于雅典人来说，雅典既是他们生活的中心，又是诸神、祖先和英雄的所在之所：正因如此，雅典无可替代。因此，雅典人采取的行动在古代世界历史上前所未有。出于军事战略的考虑，雅典人舍弃了自己的家园，任由敌人摆布，而敌人则将这座城市彻底摧毁。纪念碑和积累的财富被侵略者洗劫一空；著名的弑僭主者哈莫狄奥斯与阿里斯托吉顿的雕像就落得此等下场——在此，

他们二人的雕像早已成为雅典民主的象征。雕像被带到苏萨宫廷，直到 100 多年后，在亚历山大远征时才又回到希腊人的手中。

因此，雅典市民选择从自己的城市撤离：妇女、长者和儿童被送到萨拉米斯岛，之后任由波斯人掠夺整座城市，他们谋划着日后在另一个战场上将敌人消灭殆尽，这个战场就是海洋。显然，选择此种牺牲是计划中的一环，同时也显示出雅典人的巨大决心以及他们坚信胜利最终一定属于己方。与特奥斯和普凯亚的居民不同，雅典人在面对波斯人压倒性的优势时，彻底放弃了自己的城市并建立了其他殖民地，雅典人以及与他们并肩作战的许多其他希腊人决心破釜沉舟，以图一战。地米斯托克利制定的战略非常复杂，这使他成为

列奥尼达斯

列奥尼达斯和温泉关，这幅画作由雅克·路易·大卫于 1813 年完成（现藏于巴黎卢浮宫）。尽管列奥尼达斯吃了败仗，但他和部下展示出来的英勇气概，成功地阻止了力量远远优于他们的敌人的前进，使他们成为历史上伟大的战斗英雄。

他那个时代敏锐的政治家之一，他的战略加之雅典政体的民主化，加强了公民和士兵之间的亲密联系。舰队的发展壮大则促使社会各阶层都参与城市防御之中。

从政治层面而言，在克利斯梯尼采取一系列措施之后，在马拉松战役取得胜利的影响下（两者都是不可或缺的先决条件），发生了对雅典民主进步具有决定性意义的事件，即在深谋远虑的将军、伟大的地米斯托克利的坚决要求下，组建了希腊规模最大的舰队。巨大的舰队不仅是萨拉米斯的“木墙”，还将成为雅典民主真正的支柱，成为抵御波斯威胁的防御性武器。在地米斯托克利依照神之授意的指挥之下，雅典人民在面对波斯人时从自己的城市撤离，向萨拉米斯岛和特雷泽进发，在那里临时形成了一个远离传统环境的新城邦。

这种壮观的景象被描述在如下段落中：在希腊人和波斯人海战之前的筹备过程中，科林斯将军阿迪曼图斯指责地米斯托克利是“无城邦之人”（apolis），理由是此人想要放弃雅典，将军想要禁止地米斯托克利在萨拉米斯战役之前的战争会议上发言和投票。对此，被指控的地米斯托克利称，雅典人比科林斯人的城邦和领土更加广阔，因为雅典人拥有200艘武装齐备的船只。这种态度可以解释为雅典人对新舰队的信心，但也可以解释为在雅典人心中城邦首先意味着什么——他们认为城邦存在最重要的根本在于全体公民。针对阿迪曼图斯的非难，地米斯托克利回应称，军队在城邦在，现在舰队在哪里，城邦就在哪里。这一切都源于克利斯梯尼改革和马拉松战役胜利后形成了民众的凝聚力以及行动上的整齐划一。地米斯托克利的海军政策进一步使公民和士兵的身份相结合，此后在舰队中服役的最贫穷的阶层也都被视为公民。雅典人民决定撤离城市，这明显意味着要远离象征着公民身份和归属之地，但这一决定却是可行的，因为城市和军队已经合二为一。

然而，如果地米斯托克利的计划失败，这种临时状态可能无法改变。从这个意义上来说，将阿提卡城迁至萨拉米斯，意味着雅典人已经决心破釜沉舟，为捍卫雅典自主放手一搏的公民有着无与伦比的自省力。此外，在来自人民阶层、有着深厚群众基础的政治家的领导下，所有人民都成为重装步兵或桨手，投身于城市的防御，最终巩固了城市管理的民主制度。

从萨拉米斯到全面获胜

据传，公元前 480 年 9 月 29 日，在皮雷（雅典港口）和萨拉米斯岛对面的萨罗尼克湾发生了一场大规模的海战，这场战役正是波希战争中至关重要的一场战役。在欧鲁比阿德和地米斯托克利的指挥下，来自雅典的 300 多艘三层桨战船，迎战由薛西斯亲自指挥的 600 艘波斯帆桨战船。雅典人一方得到了科林斯人、埃吉尼斯人和梅加里亚人的增援，而波斯舰队则是由爱奥尼亚人、腓尼基人和塞浦路斯人组成的。当波斯军队将雅典卫城和整个雅典洗劫一空，屠杀了城内所剩无多的城市保卫者时，地米斯托克利的策略成功地将数量庞大的波斯舰队引向一个狭窄的海湾，在这个海湾中，薛西斯舰队船只数量上的优势便不再具有决定性意义。希腊人使用的船是三层桨战船，这种船在萨拉米斯周围狭窄的海面上更易操作。根据希罗多德记述，波斯人笨重的帆桨战船在海湾向希腊人的轻舰发起了进攻，这里正是希腊人计划开展战斗的地点，薛西斯认为他的军队之所以在埃维亚吃了败仗，是因为他没有亲临战场，但他低估了雅典人在海上的机动灵活，也低估了雅典人对地形的掌握程度。希腊人佯装畏惧波斯舰队，让敌人以为他们将要撤退，就这样波斯人落入了陷阱。薛西斯封锁了通往萨拉米斯港的通道，将船只排成三列，并封闭了两道海峡，使希腊人插翅难逃。他料想希腊人很快就会投降。而希腊人则在东部海峡列阵，到了 29 日一早，波斯人便发起了大规模攻势，他们派出大量船只向狭窄的航道进发。然而，波斯人在此处的机动性被大大削弱，希腊人反而占优。到了下午开始涨潮，希腊人将船只向东推进，并成功摧毁了波斯舰队。这场海战约持续了 8 个小时；一半以上的波斯船只被摧毁，而大约只有 40 艘希腊船只被击沉。无论如何，这场战役金鼓喧阗，阿契美尼德人在一片喧哗中大举撤退，薛西斯被迫从他的观察哨仓皇逃离。

就这样在海上展开了决定性的战役，过程正如地米斯托克利解读神谕后所预料的一样。经此一役，波斯远征军失去了必不可少的后勤基地，只能选择撤军。

次年春，在斯巴达人的领导下，希腊的重装步兵在普拉塔亚平原上大败玛尔多纽斯指挥的波斯军队。至此，希腊迫在眉睫的威胁得以彻底消除。公元前 479 年

萨拉米斯，开明的海军战略

这是古代世界重要的战役之一，它标志着希腊米堤亚战争走向结束。地米斯托克利凭借这场战役赢得了极大的威望。

地米斯托克利指挥的希腊舰队优势在于两个方面：一方面是国王薛西斯的傲慢自大，薛西斯认为这场战役只是走过场；另一方面是地形，此处地形能够发挥希腊三层桨战船的灵活优势，而大大限制了波斯笨重的船只移动。❶ 波斯的先头部队。在战役爆发之前的几天时间里，波斯和埃及船只已经靠近海峡，并占领了皮斯塔雷岛。❷ 薛西斯的御驾。波斯君王将大本营设置在东海岸，在战斗的最后阶段，雅典人和埃伊纳人将在此处粉碎所有的抵抗。❸ 海峡入口。波斯人和盟友的船只从水道进入海峡时失去了队形，就在此时，他们被希腊人迎头痛击。❹ 战术的胜利。希腊舰队利用潮水上涨的时机对敌人发起了最后的进攻。

海上大捷

对于希腊人，尤其是对于雅典人而言，萨拉米斯战役是一个堪与神话中的英雄故事比肩的历史事件，这枚希腊印章也体现出了这一点。这枚印章刻有一艘三层桨战船，正是用于纪念希腊人在萨拉米斯战役中力克波斯人的伟绩（现藏于伦敦大英博物馆）。

秋，随着米卡勒海战的胜利，希腊人掌握了主动权，在爱琴海将波斯人的海上力量化为齑粉，使爱琴海成为希腊的内海。在希腊与当时最强大的两个城邦及其陆上和海上部队的配合下，在不同战略部署的整合下，希腊对阿契美尼德帝国的辉煌胜利最终成为现实。一方面，斯巴达人的行动有赖于其高素质和专业指挥的陆军，其特点在于军队拥有铁一般的纪律，士兵拥有无与伦比的战斗力。另一方面，雅典人在战争中施展了灵活的头脑和前所未有的具有战略意义的随机应变能力，这些贡献在利用海战中体现得淋漓尽致。但米堤亚发生的战争也改变了希腊城邦的政治结构。重获自由的经历、民主倾向的传播和新霸权的形成可谓界

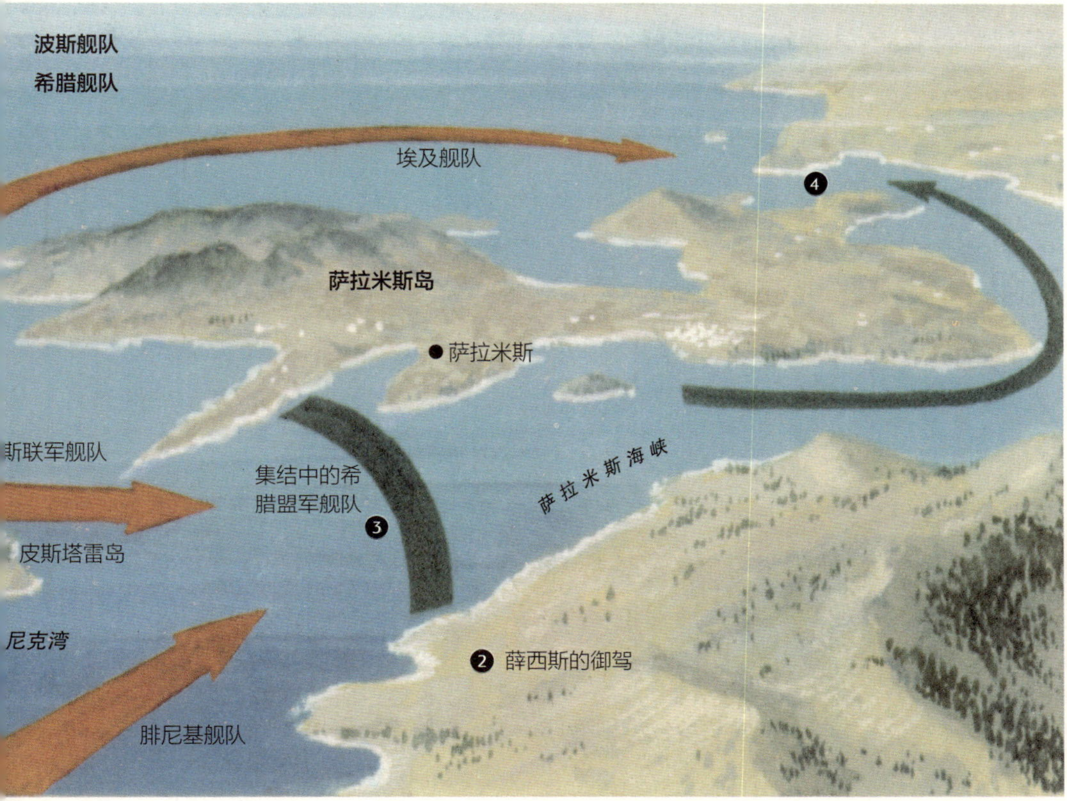

定这一时期的三大要素，城邦世界在此期间经历了艰苦的考验。

地米斯托克利在这场冲突中发挥的决定性作用很快就获得了历史学家的认可，希罗多德对他不吝赞赏的描述和许多献给他的艺术品就是证明，其中有一件作品展现的正是这位雅典政治家的形象，这是一件半身像，制作于公元前 5 世纪。这件作品展现了“希腊解放者”的形象：一张肌肉发达的宽脸，短发，脸上长有胡须，额头宽大，一双有神的眼睛望向前方，目光深邃。可以从这件作品中看到一个粗犷农民的形象。在这件作品中，地米斯托克利呈现出一种从人民中来的形象。实际上，这位政治家依靠民众阶层，在马拉松战役之后的几年里逐渐与贵族走向对峙，进而成为雅典的主要领导人。然而，战争结束后，斯巴达人开始对他产生怀疑，不仅如此，他的同胞也开始对他心有忌惮，最终将他流放到阿尔哥斯。回顾他长期对抗波斯人的功绩，他后半生的境遇令人唏嘘。在斯巴达人施加的压力之下，他不得已离开阿尔哥斯再次逃亡，在多个城市避难后，他最终来到了小亚细亚，在这里成为昔日劲敌薛西斯之子波斯国王阿尔塔谢西的臣民。这位阿契美尼德王朝的君主似乎十分重视这位父亲昔日的对手，让他为自己效力。此后，地米斯托克利在关于希波关系的各个方面为他出谋划策。阿尔塔谢西甚至委任地米斯托克利出任马格尼西亚总督一职，这座城市距离以弗所不远。据传，地米斯托克利一直在这里生活到生命终结。

让我们回到这座半身像上来。这座半身像从外观上来说足以让同时代的人认出这就是地米斯托克利，并且我们可以从中看到雅典民主对个人品质和美德的认可。从古代承袭的贵族价值观在这种对英雄人物的喜爱中得以延续。在这件作品中，肖像的不朽与史诗中所叙述的英雄人物的永生遥相呼应。在古典时代，这意味着此人对城邦做出了巨大贡献，是值得众人模仿的典范人物。但这座雕像也是一柄政治上的双刃剑，因其在一众杰出公民的雕塑之间十分显眼而能够提高城市的声望，此外，它也暗含着潜在的风险：通过颂扬这些人物，人们创造了一种用于人格崇拜和宣传的工具，这与法律面前公民平等的价值观相悖。地米斯托克利半身像象征性地暗含着对雅典人民的颂扬，这同样可能起到相反的作用，即强化领袖崇拜中固有的危险——僭主政治。通过内部和外部的政治行动使自己脱颖而出的个人，有可能占据过多的空间并建立个人权力。伯里克利的肖像则不同，它展现出政治家和伟人之间的融合。伯里克利半身像于公元前 429 年竖立在雅典卫城，它明确地展示出一个被尊为城邦象征的政治家的理想化特征。地米斯托克利来自人民群众，他和他的同胞们一起成功地渡过了无数逆境和危险；而与地米斯托克利肖像的现实主义完全不同，伯里克利的肖像已经成为雅典荣耀的象征，成为实际上对大部分希腊地区施行帝国主义的民主政府理想化的形象。

雅典和海洋政治化

在所有希腊国家中，兵役一直是一切政治活动的先决条件。设置重装步兵方阵导致了中产阶级地主的政治崛起，由于重装步兵的重要性与日俱增，中产阶级地主在骑马作战的贵族之间杀出一条血路。而对于想要为城邦效力的最贫困的雅典公民而言，就只有加入舰队这一个选择，而舰队对水手、轻步兵和桨手的需求巨大。这为雅典人数最多的社会阶层在军事层面，也是在政治层面上的融入提供了条件，在此之前，这一阶层一直处于社会的边缘地带。从某种程度上来说，舰队成为民主构成的社会主体。小农，尤其是城市无产阶级，从这一刻起获得了新的政治资本，雅典政治制度的民主化也由此而来。这一突如其来的变化使当时已经普遍存在的反对意见呼声更高，这些反对意见在伪色诺芬所著的《雅典人共和国》的反民主小册子中体现得十分充分，其中写道："首先我必须说，在这里，认为穷人和人民应该比贵族和富人拥有更多的权力，这似乎是正当合理的，这种看法的理由是划船的是人民，城市拥有的威名应该归功于人民。但是，领航员和那些向桨手发号施令的人、指挥官、海军军官和造船师，所有这些人才是实际上为城市注入力量的人，重装步兵、贵族和富人们，他们的贡献则更多。"

舰队维护需要高额费用。除了建造船只的费用外，还有向众多船员支付的报酬。起初，生活条件较为优越并享有特权的公民为此负担了大部分费用。后来，雅典的盟友接过了这一重担，因为在米堤亚战争结束时，许多希腊国家面对来自波斯无休止的威胁，纷纷寻求并获得了雅典舰队的保护。

在公元前 7 世纪和公元前 6 世纪，尽管航海技术进步的速度时快时慢，但航海作为一种政治工具或国家权力的象征，在此期间所发挥的作用相对较小。获得政治和经济权力主要通过吞并城市、征服新的土地或开发某个地区的农业和畜牧业潜力来实现。例如，波斯帝国以及希腊许多城邦（斯巴达、锡拉库萨等）就是用这种方式不断扩大领土实现繁荣的。而获得政治上的控制权、获得动产或不动产的所有权、激励经济资源的过程，最终都与获得土地和领土相关，其中包括各种类型的占有物，例如人。骑兵和步兵一直以来都是获取这些权力资源的传统工具，权力资源包

希腊三层桨战船，具有决定性意义的武器

公元前6世纪至公元前4世纪，希腊赢得多场胜利，无论是从战场上还是从殖民地方面而言，这些胜利都得益于发明并使用了一种在当时具有卓越作战能力的战船——三层桨战船。三层桨战船凭借其速度、力量、可操作性和坚固的性能，无须对船只外形或结构进行很大的改动，仍然能够长时间称霸海洋。尽管有人认为是其他民族创造发明了三层桨战船，但大约是科林斯人在公元前7世纪首先在爱琴海水域开始使用这种船只。三层桨战船的船员主要由桨手构成，这使得航行速度达到了当时前所未有的速度；但如果计划登上敌船或下船登陆，那么船上可能也配备一小部分重装步兵和弓箭手。然而，想要运送人数很多的部队，那么还是需要吨位更大的船只。

插图　公元前400年希腊浅浮雕，饰有三层桨战船（现藏于雅典卫城博物馆）。

三层桨战船的设计

三层桨战船的设计在确定最终外观之前，还有一大段路要走。为了获得能够快速入水启航且便于操纵的船只，军舰开始和用于运输人员或货物的其他船只区别开来。设计更加完善的船体能够更好地控制船只，获得更大的速度；增加了用于攻击敌舰的船首冲角。人数众多的桨手避免了进攻时对风的依赖。之后，又在已有的两排桨手之上安排了第三排桨手，这进一步加快了船速（可达每半小时9公里），而无须明显增加船体尺寸，扩大船体会导致操作不便。

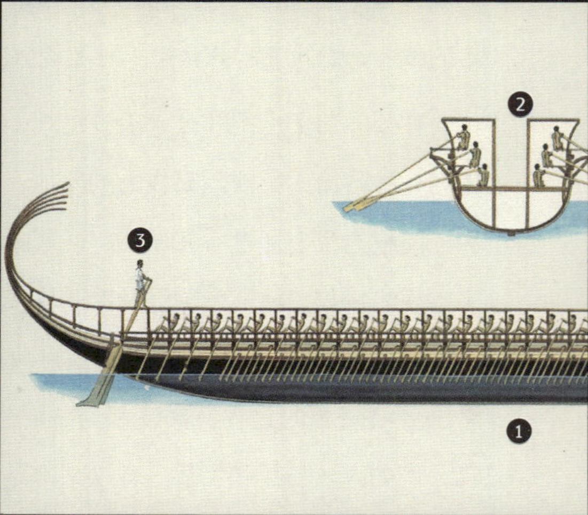

❶ 船只 三层桨战船长达40米，最宽处为5米。200名左右的船员中，有170人是桨手。

❷ 桨手 船只之所以被称为三层桨战船，是因为船上设置了三排桨手（下层桨手、中层桨手和上层桨手）。每一排都对应着特定类型的桨手。

❸ 船舵 舵手位于船尾，操纵着两根杆子，一根在左舷，一根在右舷。这些舵杆是位于船体外部的两支大桨。

❹ 船首 三层桨战船最大的特点是它的船首通过铜制的船首冲角向前延伸，用来冲撞、击沉敌舰。希腊人多次展现了三层桨战船的这一特色功效。

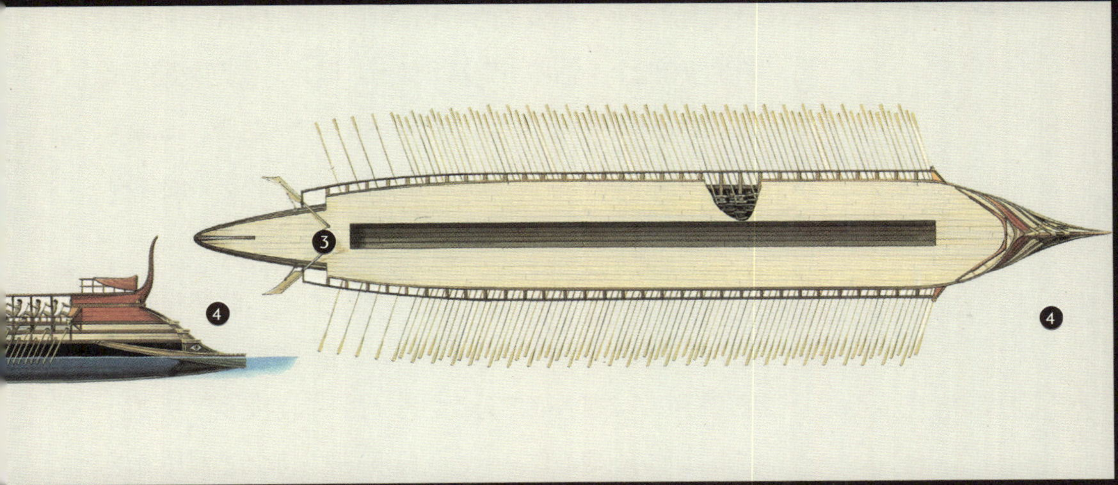

地米斯托克利，雅典民主制度的第一位伟大领袖

在马拉松战役中，地米斯托克利率领列昂迪德部落英勇奋战，自此他的政治生涯逐步走高，直到萨拉米斯战役走向辉煌。在这场战役中，他提出的战略是击败人数数倍于己方的敌人的优势兵力的根本。除了军事上的成就，他对雅典的巨大贡献是建造了一支舰队，而正是这支舰队为雅典未来取得霸权奠定了基础。

毫无疑问，地米斯托克利在军事上的成就要大于其在政治上的成就。虽然他的战略决策运用得炉火纯青，在战场上立下过汗马功劳，但这一切都因公元前471年他的同胞使用陶片放逐法将他驱逐出境而消弭殆尽，他的同胞们不再念及他的功绩，而一心只认为他高高在上，玩弄权术。地米斯托克利选择采用民众主义路线，战胜了对他威胁最大的保守派对手阿里斯蒂德。早在公元前493年，地米斯托克利就主张打造一支舰队，并加强皮雷地区的防卫。马拉松战役胜利后，他重申了立场，即应该注意防范来自波斯帝国的未能消除的威胁。他使雅典人相信有必要使这个城市成为一座海军重镇：这个强国使波斯人溃不成军，并在近一个世纪内主宰了东地中海地区。

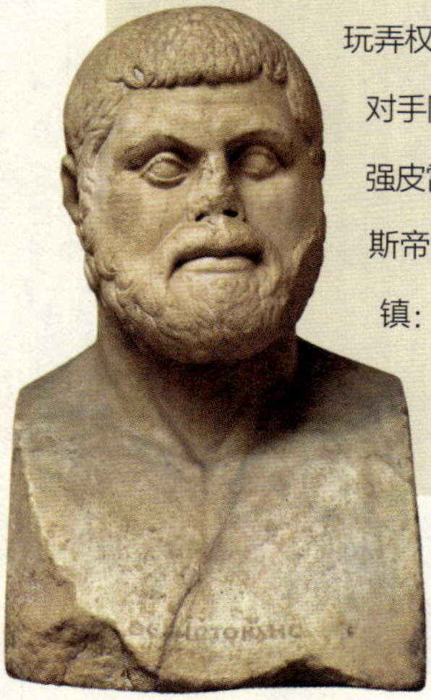

插图 公元前5世纪完成的地米斯托克利半身像，上面刻有能够辨识出这位雅典战略家的铭文（现藏于罗马奥斯提亚考古博物馆）。

括城市、耕地和畜牧业用地，以及这些土地上生活的居民及其财产。对这些资源的不受限制的处置权形成了某种政治主权概念，它意味着财富和繁荣。因此，权力的获得和政治权力本身基本上都建立在土地及其收入之上，而海洋在很大程度上仍然被排除在这些领土扩张和积累的过程之外。

一旦确定了这些概念，应该思考在这一时期雅典的海上统治权在当时究竟是何种性质，它又产生了怎样的后果。历史学家修昔底德为我们思考这一问题提供了重要的材料。正是在他的作品中，我们第一次发现通过利用海洋

资源可以为共同体谋取权力。当然，正如修昔底德自己指出的那样，他并没有创造什么新的东西，而只是通过对雅典海上力量具体特征的研究得出结论而已。显然，早在雅典人之前，还有其他民族——如腓尼基人和伊特鲁里亚人——曾经在海上贸易和海盗活动中使用船只；或者在发生战争时，将船只用于海上攻击或防御行动。然而，这些民族对其舰队的使用与雅典在公元前 5 世纪对舰队的使用有着十分明显的区别。事实上，阿提卡城邦拥有并维持着一支强大的舰队，为城邦所驱驰，其主要功能在于它既是竞技平台，又是社会团体，还是政治武器。

科林斯的阿波罗神庙

科林斯城是对抗波斯人城邦联盟的成员，在普拉塔亚战役后，这座城市热烈欢迎保萨尼亚斯将军凯旋。这并非毫无理由，因为这位斯巴达军官曾带领希腊军队取得了胜利。

海军的胜利

方济各会的花瓶碎片，出土于意大利的基乌西镇（现藏于佛罗伦萨考古博物馆）。虽然它表现的是一个神话故事——特修斯从弥诺陶洛斯手中救出雅典人后，雅典人在阿提卡登陆——但这一场景也展示了雅典人长期以来的海洋力量。波斯战败后，雅典成为地中海地区的海上霸主。

一方面，雅典海军的组成、组织和使用反映出这个城市本身的内部结构。另一方面，海军人员的行动方式在雅典的政治决策过程中具有特别的决定性意义。没有舰队，就不会有伯里克利时代的雅典民主。如果没有船员这一城邦社会的核心支柱，那么这个民主国家几乎不可能施展任何影响力。随着这些新的要素登上历史舞台，阿提卡城的政治行动领域已经延伸到了海上。一个国家的海洋资源影响范围的变化意味着惊人的创新，因为从这一刻开始，海洋成为雅典政治行动的舞台，而且这一变化也起到了跳板作用，它使雅典逐渐成为诸多活动的中心。虽然在这一时期这些活动尚不多见，但它们无疑

具有不可估量的意义，雅典城邦向海洋这个新要素的扩张使得海洋具有了政治意义。当雅典城邦在伯罗奔尼撒战争结束后失去对舰队的控制时，其政治和社会地位发生了根本性的变化。应该记住，在后一场冲突中，实际上是斯巴达步兵战胜了雅典海军，就像后来罗马水手在迦太基舰队精通的领域中战胜了这些行家里手一样。此时的雅典不得不采取一系列新的措施，调整其政治范围和运作方式。后人在继承雅典巩固海洋权力遗产的同时，也同样继承了海洋具有政治意义这一观念。自古以来，只有驯服了海洋的国家，才有资格被称为大国——例如迦太基，以及托勒密时代的埃及和罗马。

商业扩张

公元前 4 世纪的金手环，出土于罗卡格洛廖萨（现藏于意大利罗卡格洛廖萨考古管理局）。希波战争后，由于与希腊其他两极的关系，雅典经历了显著的经济繁荣。

阿克拉加斯的赫拉神庙

阿克拉加斯是一座位于西西里岛上的城市，即现在的阿格里琴托，是希腊人在西方建立的富有的城市之一。

插图（右侧） 狮子头造型的银质四角形硬币。它来自大希腊的城邦利基翁，公元前390年。

古典时期的城邦

打败波斯人结束米堤亚战争后，希腊人坚定了在政治制度、伸张正义和管理公共利益方面的自信。城邦之所以达到辉煌时期，是因为个人越来越多地参与政治机构之中，政府和公民之间的关联随之增强。

地中海文明时至今日仍然保留着自古延绵的结构的痕迹，这皇皇大厦的根基恰在于在历史的基础上，城市区域自古希腊时期就拥有独立自主的政治系统。城邦是希腊的核心生活形式，更是自公元前 8 世纪开始到公元前 3 世纪模式发生改变之前政治经济制度不断发展的结果，它是评估希腊总体状况的晴雨表。城市思想和活跃度的发展与政治思想相关，文化表现、社会秩序的概念和崇拜形式决定了城邦的构成。

最后，公元前 5 世纪希腊城市的转变为我们展现了具有意义的细微差别，使我

古典雅典时期重要的文化时间节点

公元前534年

戏剧 庇西特拉图使戏剧表演成为正式表演。设立了悲剧比赛。

公元前458年

埃斯库罗斯的作品《俄瑞斯忒亚》首演 这是唯一保留至今的三部曲，由三部悲剧构成，分别为《阿伽门农》《奠酒人》和《报仇神》。

公元前447年—公元前438年

建筑 伯里克利命人在卫城修建战胜波斯人的雅典标志性建筑物。

公元前442年

索福克勒斯和《安提戈涅》 这部悲剧说明了剧作家在戏剧语言方面已臻完美。

公元前407年

哲学 柏拉图成为苏格拉底的弟子。他们之间的师承关系将对西方哲学的发展产生决定性的影响。

公元前396年

历史学 修昔底德之死。他的《伯罗奔尼撒战争史》是一部关于冲突的编年史，是一部重要的历史作品。

们能够更好地理解古典时期的政治、社会和宗教。希腊城市面临的危机以及内部的权力斗争往往由于贵族的野心，这无疑成为古希腊时期的标志。然而，在古典时期，主要在雅典作为范例的推动下，公民对国家事务的参与程度得到了空前且非凡的发展。这一现象最明显的表现是城邦生活方式的民主化。与希腊历史的早期相比，在研究公元前 5 世纪的城邦的发展方面，我们拥有极其丰富的材料。通过这些材料，我们可以详尽地了解雅典民主的运作和历史影响，雅典民主无疑构成了古典时期希腊国家最重要的政治制度。这些材料不仅来自考古遗迹，还来自优秀的作家

（埃斯库罗斯、索福克勒斯、欧里庇得斯和阿里斯托芬）、哲学家（普罗塔戈拉、苏格拉底、伊索克拉底、柏拉图和亚里士多德）、科学家（毕达哥拉斯、希波克拉底和希波达摩斯）和历史学家（希罗多德、修昔底德、色诺芬和普鲁塔克）的文化遗产，他们为我们展现了一幅极具代表性的全景图，使我们能够勾勒出古典时期城邦发展的大体情况。

财富和文化

来自意大利南部的希腊城市佩斯图姆：宴会场景局部细节，壁画完成于公元前470年左右（现藏于佩斯图姆考古博物馆）。在公元前5世纪，希腊的城邦，特别是雅典，经历了翻天覆地的经济发展，使文化获得了令人惊叹的进步。

城邦与民主

凭借希腊的文学资料，我们能够了解雅典建立民主政权的过程与外国政治内化之间的密切关系。克利斯梯尼的开创性改革是宪法上的创新之举，首先，它使伊萨格拉斯寡头圈的斯巴达人所代表的意识形态模式逐渐走向失败。其次，面对外国列强的入侵希腊人取得了连续的胜利，最终战胜了阿契美尼德帝国，实现了非比寻常的胜利，雅典人尤其知道如何将这场胜利转变为财富。事实上，在马拉松和萨拉米斯夺取胜利后，雅典立即将这两处据为己有，此举使被视为抵抗波斯专制主义的行为，使希腊自由精髓的公民参与式政府盛行之势日益稳固。米堤亚战争后，客蒙和伯利克里领衔的世纪将雅典民主变为希腊有史以来最具活力的政治制度。

击败波斯之后，在雅典主导下形成了一个联盟，该联盟为抵御波斯的威胁采取了自由联盟的形式，使许多城市聚集在伟大首都阿提卡周围。提洛同盟加强了雅典的海洋之志，成为雅典的统治工具，极大地巩固了民主制度，使民主制度坚如磐石。雅典行使霸权的独特方式在于内部政治与雅典对外辐射影响力之间紧密衔接。希腊的第一个霸权国家通过武力将其政府模式强加给其他城邦，从而建立了附属国，这些附属国巩固了雅典对庞大领土的统治。在这样的背景下，雅典的政治模式成为这一时期对外输出的模式。在希腊的历史上，人们第一次隐隐看到宪政平台的流动，而在此之前，它一直与设立它的城邦紧密相连。因此，不仅更多的城邦都能获得这种宪政模式，而且也使得这种模式产生效果变得更加可能。民主作为雅典最重要的规划和最伟大的杰作，从此刻起，可以作为执政的参考，供其他城邦所用，这也证实了民主具有典范意义。

在创造反传统意识形态的同时，随着雅典民主制度的建立，一种人民参与政府的政治理论得到了发展，这种政治理论很快就通过意识形态和神话创作表现出来。这种对政治和社会反思的逐步塑造，与对过去的反思联系在一起，从戏剧到造型艺术、哲学和历史学等丰富繁杂的领域中，因伯里克利时代为特征的激烈的精神碰撞而促成。民主逐渐与它所诞生的城市一分为二，这也有助于加强民主在希腊政治领域的迁移。

在成功抵御了公元前 490 年和公元前 480 年至公元前 479 年的波斯入侵之后，在历经了长达两个世纪的政治危机之后，希腊出现了一个持久的稳定时期，因而促进了希腊政治制度的构建，特别是民主制度的构建。城邦，一个自主的政治共同体，不仅作为文化、经济和社会秩序的系统，而且作为一种生活方式发挥着作用，并伴随其日益成熟而不断获得巩固。城邦之所以能够不断获得巩固，主要原因显然是没有外部威胁，这一局面是雅典拥有制海权的结果。但现在让我们来看看，在公元前5世纪这个极其重要的历史转折点上，希腊的政体是如何形成的；进而了解雅典的霸权时期——该城市施行的帝国主义，使其深陷泥潭的诸多弊端，以及在此之后与斯巴达之间爆发的冲突。

城邦与公民

城邦被定义为古典希腊时期国家和城市实际的中心后，就触及了一些主要的概念，这些概念能够使我们理解城邦所蕴含的丰富内涵。城邦是一个独立自主能够自行做出决定的群体，旨在成为公民的联盟；与此同时，它还是一座城市，是政治、礼仪和经济的中心。在内部享有自由，在外部独立自主，这些也同样是全面理解古典时期的希腊城市的基本概念。任何形式的君主制或神权制均不存在，因为城邦依赖的是集体决策，从原则上来说，所有公民都可以参与到各个机构当中，包括公民大会、理事会、裁判所以及法院等。

阿哥拉是集会场所，是城市中心，同时也是城邦最具有象征意义的所在。这些结构性元素在当时就已经饱受质疑，这是因为随着城邦系统日趋稳定，人们开始反思社会和政治。古代的作家和思想家对此为我们留下了无数的作品。例如，希罗多德曾记录了能够反映波斯人观念的内容：不仅是希腊人，就连波斯人也将阿哥拉视为公共空间，认为阿哥拉是希腊城市独特的重心所在。一个希腊群体竟对城市属性全不在意，这在一些希腊作家看来十分怪异。例如，帕萨尼亚斯，从他在公元2世纪下半叶对帕诺佩城的描述就可以看出这一点。他描写道："从喀罗尼亚到帕诺佩有20里斯特迪亚[2]，帕诺佩是座弗凯亚人的城市，如果这样的地方能被称为城市的话。在这里既没有任何公共建筑，也没有体育馆，没有剧院，没有阿哥拉，更没有水流喷涌的喷泉，但这里却有居民居住，他们住在类似于陡峭山地木屋的木棚里。在这

[2] 斯特迪亚，古希腊长度单位，其确切长度已无从得知。——译者注

希腊城邦的创始神话：一个整合元素

在政治结构化的过程中，每个城邦都要在神话中寻根溯源，这一点至关重要，因为这是光荣的公民身份得到诸神认可、承认公民是古代英雄的延续的条件。

古希腊人不认为神话故事和历史事实之间有任何实质性的区别。历史和神话合二为一，同根同源，形成一个按时间顺序排列、使二者都能够连贯自洽的历史。在解释城市起源的问题上，人们编制了神话和历史相互交织的年表。现在让我们一起看几个例子。❶ 雅典和厄勒克修斯。神话中缔造雅典的国王是厄勒克修斯（也被称为埃里克托尼奥斯，或者与刻克洛普斯混为一谈）。据传，赫菲斯托斯追着雅典娜企图实施强奸，但没能得手。厄勒克修斯就从他滴落在地上的精液中诞生了，他上半身是人，下半身有尾巴。雅典人将他视为神，并在雅典卫城为他建了一座神庙：伊瑞克提翁神庙。❷ 斯巴达和拉刻代蒙。拉刻代蒙是宙斯和阿特拉斯7个女儿之一诞下的儿子，是斯巴达的第一位国王。城邦以国王的妻子为名。❸ 底比斯和卡德摩斯。神话英雄卡德摩斯为寻找他的妹妹欧罗巴，来到德尔斐祈求神谕，按神谕指示跟随一头母牛走了3天，到了彼俄提亚后母牛倒地而亡。卡德摩斯就在此处建立了卡德米亚城，即未来的底比斯城。卡德摩斯也与斯巴达有关：他杀死了由阿瑞斯神保护的海龙，而斯巴达人就是从这个动物的牙齿中诞生的。

插图　公元前5世纪的浅浮雕，献给战神阿芙洛狄忒和阿瑞斯，这两位神明尤其受到斯巴达人的敬仰（现藏于威尼斯考古博物馆）。

样的条件下，他们仍然在边界上设置了守卫，还派出代表参加弗凯亚人的公民大会（《希腊志》第十卷，4）

这幅帕诺佩人生活方式的画卷提醒我们，在希腊世界，从《荷马史诗》时期到罗马时期，有一些城市的特点完全异于城邦，尽管这些城邦在政治上仍然具有某些作用，正如帕萨尼亚斯所指出的那样。冒着以偏概全的风险，我们可以说，在古典希腊，有大约300个主权国家能够符合城邦的概念。在提及这些政治实体时，几乎都是以其成员来称呼的，正如古代钱币所证实的那样，这些政治实体包括雅典人、斯巴达人、叙拉古人、马萨利特人和恩波利特人，等等。通常，当谈论希腊城邦的典型公民时，我们会想到雅典、锡拉库扎、科林斯、斯巴达或米利都，但我们不得不承认，这些例子更多的是例外，而非常规。然而，由于流传下来的浩如烟海的文学作品，我们最了解的正是这些群体。

我们现在有必要思考一个问题，是什么构成了这种令希腊自豪感油然而生的希腊文化？马伊纳克定居点的例子很有启发性，使我们能够正确看待城邦模式的一致性，而城邦模式本身往往是后验的。长期以来，马伊纳克城被认为古代世界地处边缘的一座希腊城邦。它位于现今马拉加省托斯卡诺斯郊区，这里的废墟一般被认为是古希腊定居点马伊纳克城的遗址。然而，当地的发掘结果并不能让我们得出该遗址属于希腊人的结论：它更可能是腓尼基人的定居点。根据考古发现，该遗址的大部分于公元前6世纪上半叶被遗弃。在近半个世纪的时间里，该遗址一直无人居住，直到恺撒和奥古斯都时期（公元前1世纪），其许多长方形的建筑才获得修复。这个古老的定居点后来在罗马人的统治下再次繁荣起来。有证据表明，从那时起该遗址一直有人定居，直到古代晚期才被放弃，最终被人遗忘。

这个定居点出现在一些晚期希腊作家的作品中，这些作家都认为马伊纳克城是希腊人的定居点。然而，对于这些文学作品，我们应该持谨慎的态度。米利都的赫卡托斯（公元前6世纪末）就已经提到马伊纳克城是凯尔特人的定居点，而希罗多德（公元前5世纪）似乎并不了解这座城市。这应该已经足以对认定此处定居点属于希腊人以及该遗址的弗凯亚人起源假说提出严重异议。我们对弗凯亚人在西地中海建立定居点的了解主要来自希罗多德，但他对所谓的弗凯亚人城市马伊纳克只字未提，这很能说明问题。从公元前2世纪包含某些埃福罗斯对西方地理的观察伪托西姆努斯创作的诗歌中，人们首次确定了马伊纳克城及其都市马萨利亚（今马赛）之间的关系。然而这种联系的尝试可以被理解为一种潮流，即为某些著名地点寻找声名显赫的来源，使它们拥有希腊文化血统（这样马伊纳克城就能够成为地理位置最靠西的希腊城市）。正是从此意义上而言，亚里士多德本人称罗马为“希腊城邦”。

在斯特拉波的《地理学》中，我们发现了一个非常重要的迹象，那就是化为一片废墟的马伊纳克城具有希腊城邦的所有特征。斯特拉波、波希多尼斯和阿特米多鲁斯很可能到访过当地，获取了不少资料，记录了他们在发现废墟布局明显十分规整时激动的心情，并得出结论：此处遗址具有希腊血统。考古学家H.G.尼迈耶确信，这就是历史上认为马伊纳克城是希腊定居点这种看法形成的前因后果。而“影子城”这一身份则是文学创造的结果，可以理解为一种“希腊式的阐述”（interpretatio græca），即以希腊式的政治和意识形态模式将此地据为己有。

秩序与平衡

在我们研究城邦的概念及其发展时，马伊纳克城的例子引发了一个特别有趣的思考，即如何通过一座城市规划的平衡以及有序对称的布局识别这座城市是否为希腊城市。当一位希腊公民想到城邦时，在他脑海中立刻浮现的是布局规整的街道以及容纳各种机构的公共建筑，它们共同构成了可辨识的整体，希腊城市规划特有的先进和周密在其中体现得淋漓尽致。因此，马伊纳克城等此类已经沦为废墟的遗迹，都能够表现出以卓越的希腊精神建造并呈现出的城市设计的和谐有度以及与其他民族的生活空间形成鲜明对比的建筑物。马伊纳克定居点的历史为这一点提供了很好的证明。但不可否认的是，希腊城邦远不止是城市的客观存在和经过城市规划的系统而已。对于理解城邦的概念来说，更重要的是使之明显与其他古代群体结构区分开来的内部组织。

为了理解古城居民的思想，首先需要对我们想要了解的事物进行界定。古代城

市的人口不仅限于公民，还包括外国人和奴隶。当然，除了公民之外还有妇女和儿童，但他们无权行使政治权利。公民中存在多个不同的阶层，这种结构无法形成一个单一的整体。想要了解每个居民群体的具体需求和态度，就不能忽视他们在社会和经济地位、教育水平以及政治团体归属方面的差异。城市上层阶级的成员对城邦的期望肯定与每天结算佣金的劳工不同；奴隶和贵族对事物的认知方式也大相径庭；因商业目的居住在城市的外国人与贫穷的公民关切的事物也不会一般无二。

然而，尽管所有这些都将他们分割开来，但城邦居民又有许多共同的参照和关注。城邦既代表居民的生活范围，

体育馆和城邦

公元前 480 年左右的浅酒杯装饰，表现了在主人注视下裸体的运动员进行训练的场面（现藏于卡塞尔古代艺术品收藏馆）。正如资料所证明的那样，体育馆是所有希望获得城邦地位的城市不可或缺的场所之一。

民主生

腊城邦的杰出代
立就是城邦居民政
雅典阿哥拉原本
公元前6世纪中叶
在公元前6世纪和
典所有重要的机构
在这里，梭伦建立
克利斯梯尼改革；
正义，人们向雅典
决定。这里还是行
之所，商人们在这
在这里如火如荼。
哥拉的一端召开一
公民会就是否使
立公民进行投票。

上图这样朴素的陶瓷碎
民的名字（现藏于雅

❶ **普尼克斯山** 在克利斯梯尼改革后，公民大会就在这座山岗上召开。最多可容纳24000名雅典人。

❷ **南柱廊** 这个雄伟的柱廊两侧是双多立克柱廊，用于存放司法机构的行政档案。

❸ **法院** 这里法院的所在地，法院人士，即每年的雅典法官在正义。

❺ **雅典十将军会议厅** 这个朴素的四边形建筑用于召开公民大会选举出的十位将军召开会议。

❻ **圆形庙宇或会堂** 这处环形建筑用于容纳众议院五百人会议议员。

❼ **议事厅** 这位于众神之母档面，面积稍小，建前5世纪，这个新于召开五百人会

❾ **赫菲斯托斯神庙** 阿哥拉广场一直延伸到科洛诺斯-阿哥拉约斯的山脚下，在这座山岗上矗立着赫菲斯托斯神庙。

❿ **宙斯柱廊** 这个大理石面的柱廊是献给宙斯-埃卢特里奥斯（“救世主”）的，建于公元前430至公元前409年。

⓫ **泛雅典娜节** 泛雅典娜节游行队道是一条从迪皮隆卫城的宽阔街道。

雄纪念碑　这座
纪念碑由十座青铜
托着，代表着克利
创造的雅典十个

众神之母档案馆
议事厅）　在梭伦
后，这里是五百
议成员召集开会的

彩绘柱廊　这座柱
于公元前5世纪上
，它得名于歌颂雅
耀的绘画（“彩绘
”）。

赫菲斯托斯神庙

这座保存极其完好的建筑瑰宝有时被称为赫菲斯托斯神庙或塞西翁神庙，是献给锻造和冶金之神赫菲斯托斯和工匠保护神雅典娜·埃尔贡的。神庙四周有许多铁匠和工匠的小作坊和店铺，所以会崇拜这位神明。神庙呈长方形，建于公元前449年至公元前440年之间，位于阿哥拉的西北部。神庙能够一直保存完好，是因为在7世纪到19世纪，它一直被用作基督教教堂。

也代表一种共同的命运。这些常量对城市居民的生活产生了决定性的影响，因为它们限定了居民的感知方式，限定了居民的行为和思想。

贵族统治的城市常常不得不防范某些雄心勃勃的分权要求。城邦内部不同党派之间的紧张关系反映在政治色彩浓郁的文学作品中，这些作品呼唤驱逐僭主，为政治平等（平等民权）振臂高呼。与此相反，在斯巴达，个体平等原则已经实现。正如诗人泰尔泰斯所指出的，个体平等原则反映出古典时期早期城邦处于转型期时人的精神状态：“一名战士坚守战线，岿然不动，没有丝毫懦弱想要逃跑的想法，这对城市和群体而言都是崇高的骄傲。如果有人倒在了前线，他的父亲、整座城市和他的战友们，无论老幼都会为他恸哭，整座城市都会因为他的战死而哀悼。”重装步兵方阵代表了所有公民和城邦之间的身份认同。在此庆祝的是整座城市，因为它是所有平等成员的总和，它为城市公民在战斗中的英勇搏斗而感到深深的自豪。泰尔泰斯的诗句为我们展现了一个生动的例子，展示了一个社会群体的意识，他们将彼此视为休戚与共的共同体。

作家们还从群体内部进行审视，以更广泛的视角讨论了城邦的现象。诗人品达主要描写了贵族圈子，他不仅歌颂那些因在运动会上夺取胜利而名噪一时的人物，而且还对许多最强大的希腊城市大加赞美：“万岁，锡拉库扎，愿这首歌像腓尼基的产品一样穿过灰桥来到你的身边。”这位来自底比斯的诗人为雅典创作的其他诗篇则引起了他的同胞们的愤怒：“啊，显赫的雅典，以紫罗兰为冠，光芒万丈，希腊的堡垒，受诸神祝福的城市。”由于在创作这首诗时，底比斯与雅典正处于敌对状态，底比斯人品达因此遭到了罚款，雅典人则为他支付了罚金，或许是为了感谢这位诗人为他们献上的颂歌。

参与政治

政治进程的相关问题和所有确保城邦政治和经济支持的问题，是公民优先关注的问题。只有城邦才能创造适宜的条件，以满足当时希腊人的社会和生活需求，也只有这种政治框架才能为公民提供自由的生存空间。城邦的城墙保证了安全；神庙和圣殿提供了保护。他们不仅为寻求庇护者提供宗教庇佑，还为他们提供政治保护。因遭到放逐或政治驱逐离开城邦，被认为是对希腊公民最严厉的惩罚。

希罗多德在一部著名的政治小说中也流露出这种情绪：雅典的政治家和诗人梭伦到访吕底亚国王克罗伊索斯的宫廷。这一幕是充满浪漫主义的叙述，但它并非没有说教的意图。在叙述中，希罗多德将人们——当然是希腊人——的最大幸福归结为人们与其城市之间保持的联系。克罗伊索斯问智者梭伦，在他认识的人里谁是最幸福的人，梭伦答道："是的，大王，我认识一个全然幸福的人，那就是雅典的泰勒斯。"对话并未就此终结："国王于是惊讶地问他：'你又是根据什么认为泰勒斯是最幸福的人？''大王，原因有二，'梭伦答道，'首先，因为他看到自己的孩子们在一个繁荣的国家里出人头地，他们都是有德行之人，他看到他的孙子们有着辉煌的前程。其次，因为他在这个世界上享受了令人羡慕的幸福时光之后，又以最辉煌的方式结束了自己的生命，在雅典人与邻国在埃利乌斯的战斗中，他救出了自己的战友，把敌人打得落荒而逃，他死在荣耀的战场上，手里拿着胜利的武器，值得祖国在他死去的地方为他举行公葬。'"（《历史》第一卷，30）

希罗多德通过梭伦在这段叙述中所展示出的爱国之情，将雅典城邦建立在公民意志自由之上的民主体制与克罗伊索斯的吕底亚东方式专制主义进行了对比。修昔底德在他的作品《伯罗奔尼撒战争史》中，通过伯里克利的演讲，极大地丰富并超越了这种见解，这些演讲是展示公民自豪感的最佳例证，公民自豪感被描述为雅典城邦民主组织的独特标志："我们享有一种政治制度，这种制度的设立并没有受到我们邻国法律的启发；事实上，我们不仅没有模仿他人，反而为他人提供了一个范例。因为我们的行政管理是为大多数人的利益而服务的，而不仅仅是为少数人的利益而服务的，所以我们将这种制度称为民主；法律上，人人都享有维护个人利益的平等权利；至于荣誉，所有因某种功绩而脱颖而出的人都可以担任公职……我们的标准就是尊重自由，无论是在公共事务中还是在日常竞争中，都不对邻居发火……总而言之，我想说，我们的城市作为一个整体来考虑，就是全希腊的一所学校；而考虑到单一的个人，我们城市的个人知道如何应对所有的情况，而且能够极其优雅和灵

古希腊城邦的城市规划

古希腊城市定居点的逐步发展，导致了从古代特有的不规则空间分布不可避免地转变为基于公共场所的有组织的城市规划。

在整个公元前5世纪，希腊城市的集中和繁荣令城邦开始大规模地实施城市规划。按照在埃及和巴比伦已经被证明成功的理念，希腊人很快就开始设置规整的街道布局，要求房屋建造整齐统一。人们以作为城邦中心的公共生活空间为基础进行建设，布局完全顺应地势的起伏。奥林斯、米利都和雅典等城市为这些城市规划理念提供了良好的范例。第一个有名的城市规划师是米利都的希波达摩斯（公元前498年—公元前408年）（今天，形容词“希波达摩斯式的”被用来描述城市的布局，指街道互成直角的长方形建筑区）。希波达摩斯是一位著名的理论家，他的影响甚广，曾参与罗得岛城市规划以及图里奥伊市的规划。雅典委任他负责皮雷港的城市化建设。

活地适应情况……我们不仅值得同时代的人心生敬佩，而且我们也将值得后人尊崇赞美。我们不需要荷马来为我们高唱赞歌，也不需要别的诗人用笔下的诗行虚言阿谀，他的杜撰会被事实的真相彻底粉碎。我们凭着一身孤勇，征服了所有的海洋和土地，在四处留下了夺取胜利和痛遭失败的不朽记忆。”（《伯罗奔尼撒战争史》第二卷，37—41）

雅典的启蒙运动时代

从爱奥尼亚起义到伯罗奔尼撒战争结束之间的这段历史时期，以希腊世界及其东地中海地区内外冲突为标志，是理解西方“古典”时期政治发展至关重要的历史时期。

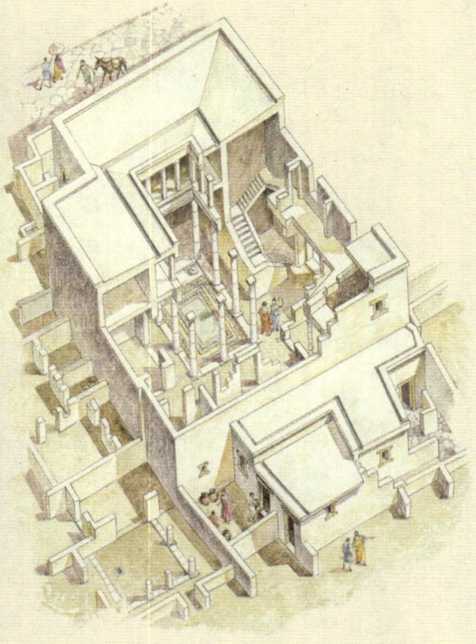

提洛赫尔墨斯圣殿　为了得到其他城市的认可，每个城邦都必须有为群体服务的建筑。左图，圣岛的鸟瞰图可以让我们领略这里的城市规划；上图，精美华丽的提洛赫尔墨斯神庙的剖面图。

米堤亚战争的结束，为雅典这一霸权国家在整个爱琴海地区的扩张活动和对抗其亘古不变的对手斯巴达从根本上提供了动力。

与此同时，斯巴达人试图遏制这种扩张。这种扩张最明显的效果在于雅典的民主政府模式获得了普及，而围绕在希腊争夺霸权的两个大国，各个城市之间出现了两极分化。这些都是公元前 5 世纪历史发展的特点，这一时期通常被称为雅典世纪或古典时代，以凸显这一时期非比寻常的文化发展特色，以及艺术、科学和一般而言学术生活空前的完善程度。

雅典文明之所以如此辉煌，且不说其物质资源丰富繁

品达和古典希腊的抒情诗

品达活跃于希腊物质极大丰富、文化获得了前所未有发展的时期，他被认为是希腊抒情诗人的杰出代表。品达诞生于底比斯，受多种流派的影响，曾到访过雅典、锡拉库扎、古利奈和科林斯等地。他在整个希腊拥有颇多拥趸，尽管当时这些地区中尚有一些地区因冲突而相互对立。

品达大约出生于公元前520年，在公元前5世纪上半叶，声望日盛。品达按照当时的文学规范要求，用多立克方言写作，最终将这门语言运用得炉火纯青，其诗作水平是其同时代人无法企及的。他的写作风格大胆恣意，行文中有大量的隐喻，写作语言设计精巧，诗作含蓄隽永且令人回味无穷。他的诗歌创作中最重要的部分是凯歌（epinicies），即献给希腊四大体育比赛（奥林匹克运动会、皮提亚运动会、尼米亚运动会和伊斯特米亚运动会）中获胜者的颂歌。在这些比赛中取得胜利，蕴含着一种近乎神圣的意味，品达的诗歌中也表现了这一点。他在诗歌中颂扬了运动员的至善至美和优秀品质，同时也讲述了许多神话故事。品达于公元前438年死于阿尔哥斯。

插图 品达半身像，这是公元前440年左右的希腊原作的罗马复制品，原像今已散失（现藏于罗马卡皮托里博物馆）。

多、各种艺术作品和公共建筑壮丽宏伟，其中最主要的原因在于在这座城市生活和工作的、具有创造精神的居民拥有非凡的思想境界。这一时期保存至今的大部分文学作品都来自雅典，就证实了这一点。在现代历史学家看来，关于公元前5世纪雅典光辉灿烂的作品汗牛充栋，但这也明确地显露出一个相对的问题：我们几乎完全通过雅典人的证词来看待古典时期的希腊人。

古典时期之所以能够发展到鼎盛，是因为在艺术、科学、医学、文学和哲学领域出现了前所未有的文化进步，因此根据古典研究的一个传统比喻，古典时期被称为“雅典启蒙时代”。建筑和雕塑的伟大成就集中体现在雅典卫城这一伟大作品中，这个宏伟的建筑群，在当时树立了新的技术和艺术标准。但宏大的艺术表现并不局限于宗教领域：著名的雕塑家群体利用雕

塑艺术向雅典历史上的杰出人物致敬，回顾他们对民主的贡献。弑僭主者哈莫狄奥斯与阿里斯托吉顿、米堤亚德和地米斯托克利将军、无与伦比的伯里克利以及其他许多卓越人物的雕像用来装点公共空间。这些代表人物的雕像活灵活现，从中可以轻松识别出其体现的人物性格，这些雕像同时也承载着公民理想，政治精英人物从雕像中找到了新的表现形式和可能。在悲剧诗歌方面，诗人埃斯库罗斯、索福克勒斯和欧里庇得斯尤为夺目，他们都以艺术形式来展现作品的主题——换言之，他们善于从神话叙事和古代史诗的伟大传奇中汲取养料。这三位诗人分别代表了雅典公民政治和道德教育的不同风格，但他们拥有一个共同点，那就是对神话和古代《荷马史诗》中的主题进行了大量的

战争与公民身份

重装步兵和波斯骑兵的战斗，完成于公元前5世纪的希腊陶器（现藏于华沙波兰国家博物馆）。战胜波斯人是展现希腊公民自豪感的新图案。

光辉雅典的象征

（第144—145页）

雅典帕提侬神庙是公元前5世纪希腊所有先进技术和风格的集大成者，为所有的新建建筑提供了不可或缺的参考。

纪念狄俄尼索斯神的节庆活动

在献给狄俄尼索斯的节日里，传统上为纪念他而演唱的歌曲演变成了真正的戏剧表演，成为希腊文化的主要表现形式之一。

献给狄俄尼索斯的节日是一个特殊的场合，农民组成的合唱团乔装打扮，朗诵酒神赞歌，这些抒情作品叙述了酒神的旅行和冒险。合唱团中有人负责抛出尾白，这个人就是合唱队的领唱。后来，在这一简单的表演中加入了一名演员，使得节目更加跌宕起伏，故事叙述变得更加复杂了。这种形式的戏剧在公元前534年达到了鼎盛，当时雅典僭主庇西特拉图正式举办了一场比赛，参赛的剧作家需要在狄俄尼索斯神庙前的看台上向观众展示一部悲剧三部曲和一部讽刺性作品。

插图 公元前480年左右特里普托勒摩斯制作的希腊陶器，用于纪念狄俄尼索斯的游行，神明出现在中心圆圈中（现藏于巴黎卢浮宫博物馆）。

众神信使伊利斯

这座雕像来自帕提依神庙西楣，约完成于公元前 440 年，因其栩栩如生的动感，被认为是最令人惊叹的三角楣。这座杰作展示了雅典文化的灿烂辉煌（现藏于伦敦大英博物馆）。

演绎，根据不同情形或政治主题对述及的内容进行了细致详尽或标杆式的处理。用埃斯库罗斯的话来说，他们的悲剧是“荷马盛宴的浮雕”。应该指出的是，古典时期最引人注目的成就是悲剧作品，这些作品在整个公元前 5 世纪都是在雅典这座城市创作而成，在大狄奥尼亚节的公共庆典期间上演。喜剧，尽管体量较小，但也反映出城市的日常脉搏。然而喜剧的力量与悲剧的隽永无法相提并论，悲剧本身也许能够凭借在后世产生的巨大历史文化影响，接近帕提依神庙大柱廊的至高造诣。

在政治史领域，我们在雅典历史学家修昔底德的作品中看到了希罗多德《历史》的延续，它以公元前 479 年波斯人被驱逐出希腊和米卡里海上大捷作结。修昔底德是伯

罗奔尼撒战争（公元前 431 年—公元前 404 年）的记录者，他有幸见证了雅典的兴衰和其民主制度的瓦解。

在哲学和修辞学领域，在这一时期诞生了许多古代最伟大的演说家和思想家，更有许多著名的诡辩家，即修辞学大师。他们负责教育年轻公民，年轻的公民必须接受演讲艺术的培训，以便能够在议会和法庭上发言。事实上，雅典公民必须通过演讲说服他人，演讲是参与式政治体系的至关重要的工具。政治演讲包括对民主的批评和质疑，也是哲学家和演说家的阵地，如柏拉图或伊索克拉底，因此在批评（parrhesia）方面表现出极大的自由，同时也显露出对政治的集体思考。

在整个文化繁荣景象的背后，正是雅典政府民主体制形成和完善的过程，这一过程是古代历史上的重大事件之一。古典时期的民主制度为城市的政治、文化、社会和经济发展提供了一个理想的平台，并为雅典对其他希腊城市实行政治统治提供了意识形态方面的理由。

雅典的政治和宗教

对于生活在文化交流渗透形式多样的现代人而言，想要理解古代城邦及其居民所构成的独特现象并不容易：对雅典人来说，城市不仅是为人们提供社会生活设施的地方，还是为所有成员谋取共同命运的所在。古典雅典公民的生活是对其同胞和城市的承诺，从下面色诺芬描写的关于苏格拉底对雅典公民义务的描述可以看到这一点。他写道："我看你被许许多多代价昂贵的牺牲所束缚，如果我没有理解错的话，倘若没有这些牺牲，神和人都应该不会容忍你。然后，你必须热情招待许多外乡人，还要热情地招待他们，保持和他们的关系；你还必须让你的同胞们心情愉快，做各种好事，不然就连一个支持者都没有。这还不够，在我看来，国家正向你征收高昂的税，比如饲养马匹、训练合唱团、维护体育馆或法官们的经费。万一战争爆发，你又要承担许多新的义务；如果被迫成为一名三层桨战船的指挥官，那么你就不得不支付特殊税，可是这些税太重了，你很难付得起。要是你拿不出钱支付所有的费用，那雅典正直的公民们便会如同当场逮住你偷窃他们的财产一样严厉地惩罚你。"（《经济学》，第二章）

无论如何，对公民（politai）来说，城市及其公民生活方式具有至关重要的意义，城市作为居民生活的中心和空间，毫无差别地限定了每个个体的命运。城邦良好的政治运行确保了经济、社会和个人的成功；与此相反，政治失败，例如当发生城市被攻占这种极端情况时，公民则会遭到奴役。

上面引用的色诺芬作品的段落提到了进献祭品的义务。实际上，许多神明不仅护佑着城邦的存在，还重视城邦的福祉，城邦既被视为城邦保护神的居所，也被视为围绕神庙组织的宗教生活以及许多具有政治意味庆典的中心。古代世界社会中的诸多崇拜仪式行为——与在后世社会中一样——一直在政治团体建设和凝聚过

皮提亚运动会，在德尔斐举行的、献给阿波罗的节日

古希腊定期举办的四大体育比赛分别是奥林匹克竞技会（在奥林匹亚）、皮提亚竞技会（在德尔斐）、尼米亚竞技会（在尼米亚）和伊斯特摩斯竞技会（在科林斯）。除了竞技性质，这些庆典活动还具有宗教性质，皮提亚竞技会非常重要，原因就在于此。据说这一竞技会是由阿波罗本人创立的。

对希腊人来说，皮提亚竞技会源自神话。阿波罗杀死了守卫德尔斐圣地的怪物蟒蛇，使自己成为神谕之主。为了纪念这一壮举，阿波罗神设立了一个庆祝活动，随着时间的推移，形成了著名的竞技会。皮提亚竞技会实际上创立的时间可以追溯至公元前6世纪，而使其众所周知四年举办一次的周期则确立于公元前590年。庆祝活动包括一系列宗教仪式，仪式之后是各种诗歌、音乐和舞蹈比赛。在此后的两三天时间里，则会举行田径比赛（跑步、跳远和投掷铁饼或标枪）和摔跤比赛，接着是各种马术项目的比赛。参加田径比赛时，参赛者必须赤身裸体。获胜者会被冠以月桂花环，月桂树是献给阿波罗神的树木。

插图　公元前510年制作的胜利女神尼凯，位于德尔斐古阿波罗神庙的三角楣顶尖饰座上（现藏于德尔斐考古博物馆）。

程中发挥着重要作用。民间团体和宗教团体合为一体是古代人社会生活天然存在的条件。

频繁祈求神谕——例如对米堤亚战争曾产生过巨大影响的神谕——是古典希腊宗教与政治共生的一个标志：雅典会定期派遣一名（理论上）圣使到神示所就公共利益问题询问神谕，圣殿还有一名常设代表打理小庙，用于存放在德尔斐阿波罗神示所向阿波罗进献的珍宝。作为泛希腊文化中心，德尔斐的阿波罗神庙不仅对塑造希腊人的心态至关重要，而且对整个希腊的政治和社会发展也同样具有决定性作用。如克罗伊索斯或米达斯等小亚细亚国王，曾派出使团并向神庙进献大量珍宝。自第一次圣战开始后，各城邦就在多次战争冲突中对神示所的统治权展开了争夺。第一次圣战约发生于公元前 595 年，古希腊最强大的城市组成的宗教联盟安菲克提亚，从邻近的弗凯亚城克里萨手中夺得了德尔斐神示所的控制权。从那时起，神庙就在该联盟的控制之下运行。这一联盟可称为一个国际机构，负责任命其要员并每四年举办一次运动会。尽管神谕存在亲斯巴达的倾向，但它仍然受到当时具有霸主地位城邦的强烈影响,特别是在米堤亚战争到伯罗奔尼撒战争期间受到雅典的影响。德尔斐在公元前 6 世纪到公元前 4 世纪一直处于其声誉和权力的顶峰，除了私人祈求神谕的活动之外，大部分的神谕内容都与许多希腊城邦是否应当采取某种政治、商业或军事行动相关。德尔斐是宗教事务的最高权威，但在做出具有一定规模影响力的政治决策时，人们也会到神示所祈示神谕。这一点早在殖民化时期就可以看到，当时希腊的各个城邦在出发到希腊以外的地方建立城市之前都会询问神谕。神示所还对重要的政治事件做出批复，如政府类型的变革——众所周知的雅典僭主制度终结就是一个例子。德尔斐积极参与到搅乱古典希腊的诸多重大冲突之中，并选择某一方阵营。正是在米堤亚战争期间，德尔斐达到了其政治和象征力量的巅峰。在冲突开始时，它预言局面对波斯人有利，然后在政治上为希腊人的行动提供了理由，并明确指示雅典海军的战略合乎正义。众多不利于雅典人的神谕——包括最后预言萨拉米斯的胜利——都证实了这种明显的偏袒。这种偏袒在希腊世界的另一场重大冲突——伯罗奔尼撒战争中进一步显露出来：德尔斐站在了斯巴达人一方。

公共庆祝活动

城邦意味着宗教与政治合一，城邦要求公民行动起来：必要时武装保卫祖国，公开崇拜保护团体福祉的神灵，以及愿意（当然只涉及富有的财产所有者）代表团体承担财政负担，尤其包括承担宗教庆典的费用。遵守这些规则，被认为是公民的义务。

个人和团体都能够感知到，与这种社会契约相关的仪式，无论是游行、公共祭祀、宗教庆典还是戏剧比赛，都是构成城市政治生活的要素。对于城邦的居民来说，宗教庆祝活动是形成公民集体精神的一个重要方面。这里应该注意到，仪式庆典具有重大意义，一般在宗教崇拜期间举行，全体人民无一例外都会参加这种庆典。

德尔斐的神圣之路

图片背景中的建筑被称为“雅典人的国库”，是雅典公民献给阿波罗的一座小型神庙。他们在德尔斐为阿波罗修建了这座常用的小型神殿。

古典希腊的公共祭祀

在希腊，祭祀可以是私人性质的，也可以是公共性质的。举行祭祀仪式是为了向神明提出请求或平息神明的怒火。公共祭祀定期举行，因城邦和祭祀的神不同而各有特点。

公共祭祀仪式繁复冗长，城邦的所有自由公民都要参加公祭仪式，这有助于加强团体之间的关联。仪式开始时，在祭司和主祭的带领下进行游行，他们携带着仪式所需的礼器并驱赶祭献的牺牲。牺牲一般是家养的动物（家禽、山羊、猪、牛等），它们必须符合祭祀要求的洁净标准。游行队伍到达祭坛后，按规定进行祷告，然后祭献牺牲。一般来说，会将牺牲的骨头和不能食用的部分烧掉，将其留在祭坛上进献给神明，再将其余的肉和内脏烤熟，分发给参与祭祀的人们。

插图　牛被赶到祭坛前，帕提侬神庙北侧中楣上的浮雕，制作于公元前442年至公元前438年（现藏于雅典卫城博物馆）。

雅典的重要庆典是献给神明的，如城市的保护神和雅典卫城的守护神雅典娜，以及戏剧之神狄俄尼索斯，戏剧被认为是公民政治和道德教育的基本组成要素。这些庆典以公共庆祝为形式，如泛雅典娜节游行或大狄俄尼索斯庆典游行。

公民对这些庆典活动热情高涨，在庆典活动期间，整个城市都沉浸在热烈的节日气氛之中，所有其他事务全都暂停，被抛诸脑后。演说家德摩斯梯尼在一次演讲中曾抱怨，称同胞们在宗教庆祝活动中早就把对抗马其顿菲利普二世的战争抛到九霄云外去了。亚里士多德在他的《雅典宪法》中提到，负责组织举办宗教节日庆典的官员是雅典最重要的官员，这并不是巧合。阿里斯托

芬不失时机地在他的喜剧《云》中描写了雅典在神圣庆典时热烈的节日气氛。“让我们去看看富饶的帕拉斯和友善的凯克罗普斯，那里是伟人的故乡，在那里我们可以看到献给神明的秘密祭礼，举办神圣入会仪式的神秘圣殿，可以看到献给奥林匹斯诸神的供奉。那里有雄壮宏伟的神庙和伟岸的神像、宗教游行、为纪念被加冕的神灵而举行的祭祀，一年四季庆典不断，每年新春都会举行巴克斯节日游行，那唱诗班比赛中，时时响起洪亮的歌声和低沉的笛音。”再没有什么其他活动能比节日庆典更能唤起城市内政治和宗教团体之间的社会互动。这些公共行为使城邦居民在精神感召下作为一个社会团体聚集在一起，他们忘记了日常琐事，在其中意识到民

女祭司和神明

此柱高 11 米，可以追溯至公元前 4 世纪，献给梅纳德人，他们是狄俄尼索斯崇拜中的扈从（现藏于德尔斐考古博物馆）。通常由女祭司负责祭拜希腊的主要神明，这使她们拥有其他希腊妇女无法享受的特权和自由。

纪念雅典娜的盛大节日

公元前 6 世纪中期左右，人们为了纪念城市的保护女神雅典娜，每年都会举办许多盛大的节庆活动，包括一系列的田径、诗歌和艺术竞赛，这些节庆活动很快就在整个希腊地区声名鹊起。

泛雅典娜节每年举行一次，但是庇西特拉图和姚丹的贵族们更倾向于按照奥林匹克竞技会的模式，每四年举行一次更加盛大的节庆。正是从此时开始，人们开始划分出小泛雅典娜节和大泛雅典娜节。庆典活动的高潮是在雅典卫城雅典娜普利亚德的祭坛上进献帔络袍。在这个仪式之前则是穿行城市的游行活动，在游行期间，年轻的处女（Canéphores）身穿当年为纪念雅典娜而织就的帔络袍，或圣袍。

插图　右图，再现献祭游行队伍进入雅典卫城场景的绘画；左图，公元前5世纪饰有运动员形象的泛雅典娜节陶器（现藏于阿什莫尔博物馆）。

众是一个实体，拥有着共同的命运。

城邦在对其居民进行道德教育时总是强调这种统一的概念。柏拉图认为苏格拉底的作用正在于此，教育是他重要的公民任务之一。在柏拉图的《斐德鲁斯》中，苏格拉底承认："我只爱学习。田野和树木不会教我任何东西，只有城市里的人能教我。"公民有责任教育同胞，虽然苏格拉底的这些话似乎只是为了具体描述古典时期雅典的精神氛围，因为当时这座城市正经历着前所未有的文化发展，但这些话也适用于希腊一般的城邦。不仅针对年轻人、而

❶ **雅典娜—尼凯神庙**　这座爱奥尼亚神庙建立在雅典卫城的一个岬角上，以纪念胜利女神雅典娜，庆祝希腊人在萨拉米斯战役中大胜波斯人。

❷ **柱廊**　柱廊由姆奈西克里建造，它们构成了雅典卫城的宏伟而复杂的入口门廊。建造始于公元前437年，制造过程持续了整整5年时间。

❸ **雅典娜-普罗马乔斯**　一座9米高的女神铜像俯视着城墙，女神呈时刻准备战斗的姿态。这座雕像是由菲迪亚斯在希腊马拉松战役胜利后雕刻的。

❹ **阿尔特弥斯-布劳伦尼亚神殿**　该圣殿建于公元前430年，献给狩猎女神、孕妇和新生儿的保护者。圣殿的梯形设计在当时较为特别。

❺ **帕提侬神庙**　多立克柱式风格辉煌的神庙之一，供奉着处女神雅典娜（parthenos）。建筑师艾士提罗与加利克提士指导建造了这座大理石神庙。工程始建于公元前447年，直至公元前438年完工。

❻ **爱奥尼亚神庙**　这座爱奥尼亚神庙始建于公元前421年，直至公元前406年完工，供奉着女神雅典娜、海神波塞冬和雅典神话中的国王厄勒克修斯。它的三大柱廊之一，是举世知名的女像柱廊台。

且面向广大民众强调价值观教育，是政治社会凝聚力的思想特点。就雅典而言，正如苏格拉底这段精彩的发言所展示的那样，对学习和教学的热情使得哲学、演说和诗歌领域百家争鸣。他所说的“城市里的人”应当理解为经验和知识的来源，是社会对话的表达，是人类丰富多样的状况，是终身学习的客体，这与农村生活形成了鲜明对比，在农村很难发展出如此规模的文化互动。乡村和城市之间的二元对立在当时就已经成为文学作品中的主题，证明了古典时期讨论的核心是社会教育的棘手问题。

诡辩术

如果不对诡辩术包含的文学、政治和社会现象进行简单的梳理，就无法对古典雅典形成完整的认知。这其中原因有二：第一，诡辩术在古典政治理论发展中具有不可否认的重要作用，在希腊文学作品中可以看到诡辩术起到的重要作用。第二，诡辩术是无法绕开的参照，因为它的一些最具代表性的内容对公元前5世纪下半叶的雅典知识界产生了巨大的影响——它孕育了宪政思想的概念和模式。

鉴于诡辩主义学说本身纷繁复杂，没有必要赘述它对后世哲学和政治思想的影响，也没有必要探索涉及这一主题的浩如烟海的书目。相反，我们将专注于其与古典时期雅典历史和文化全貌相关的某些方面。历史学家对诡辩术的关注可以用一个关键问题来概括：诡辩家为政治辩论带来了哪些关于国家、国家性质，以及机构和宪法的新思想？

戏剧以悲剧为主体，提供了除其自身之外的其他答案，此外还发展出一种新的哲学——教育学，与之并行发展的是人们对辩证法的热情，这是民主雅典的一大硕果。我们在这里指的是整个知识活动的倾向，它从公元前5世纪中期开始，便主导了希腊文化之都的公共辩论。辩证法的活跃人物来自希腊世界的各个城市，尤其来自大希腊地区，主要包括教育家、科学家、哲学家和政治理论家。

这些诡辩家，或称“智慧大师”，都是表达方面的专家。他们主要的教育活动是为众多的伦理、宗教、文学、科学和政治问题提供答案。虽然我们通常将他们作为一个整体来看待，但实际上这些诡辩家的立场可能截然相反。最著名的例子是伯里克利身边知识分子圈子里的一名成员——阿伯达拉的普罗塔戈拉。但克拉佐米尼的阿纳克萨戈拉、莱昂蒂姆的高尔吉亚和艾利德的希庇亚斯也同样不遑多让。

诡辩家教导贵族家庭的青年，目的是教育未来的政治精英。他们在演讲和论文中用理性来阐释神话——普罗塔戈拉在阐释普罗米修斯神话时以及普罗迪库斯在解读赫拉克勒斯神话时就是如此。他们因此逐渐开始讨论诸神的本质、宗教的意义、文化的起源、激情的力量、国家的目的以及在阿哥拉引导政治和取胜最适当的办法。

尽管诡辩家之间在学说上存在巨大差异，但可以认为他们拥有共同的愿望，那

诡辩家，其教学和与其相关的论战

诡辩家群体的成员千差万别。然而，在他们的教学方法中，可以看到有些对于古典雅典而言非常新鲜的基本特征：他们支持人类中心主义、政治理性和道德相对主义。这一立场以及他们中的大多数人具有外国血统，引起了一定的排斥，特别是在更为传统的阶层中。

之所以存在这些论战，是因为诡辩家是专业的教育者：他们教学收取费用，任何有能力支付学费的人都可以接受教育。将教育视为阶级特权的贵族家族对此并不赞赏。此外，诡辩家还是创新者，他们淡化了神灵干预人类生活的重要性，这一理论受到了埃斯库罗斯和索福克勒斯的批评，阿里斯托芬在《云》中也对诡辩家持否定态度。他们捍卫的哲学和修辞体系也受到了苏格拉底及其弟子柏拉图在《普罗塔戈拉》《高尔吉亚》和《欧蒂德谟》等对话中的严厉批评。

插图 公元前3世纪的罗马雕塑，来自以弗所。这座雕塑表现了一位诡辩家，但其身份至今未能明确（现藏于士麦拿考古博物馆）。

就是在政治辩论中发挥作用，并对社会关系、政治和宗教问题提出质疑。有些诡辩家试图将理性本身作为奠定民主和政治思想的基础，使用超越神话和宗教传统的方式来解读问题。

在传统伦理学的代表老埃斯库罗斯的眼里，如果没有诸神的首肯，维持一种政治制度简直如同天方夜谭，诸神是公共道德以及个人和集体美德的保证。而对普罗塔戈拉来说，最重要的则是契约，是仅限于人类之间基于平等原则、在缔约人罗格斯的基础之上签订的契约，契约是构成组织共同生活的基本机制——换言之，这一基本机制就是国家。在这种以人类为中心的政治视角下，要求公民在达成一致的前提下，彼此可以缔结合理而实际的协议。普罗塔戈拉的著名论断——“人是万物的

赫拉克勒斯

赫拉克勒斯和三身怪兽盖里昂之间的斗争。公元前 6 世纪的双耳尖底瓮（现藏于巴黎法国国家图书馆）。诡辩家是创新者，他们将神的干预的重要性降到最低，对某些神话提出了新的解读，如赫拉克勒斯的神话。因此，在普罗迪库斯的《赫拉克勒斯的选择》等寓言中，神圣的英雄面临着一个非常世俗的困境：在罪恶和美德之间做出选择。

尺度”，最能体现他的思想特点，这一论断将整个诡辩学派招致麾下，其所强调的正是这一思想。

由于逆转了人类学常量，消除了神和神话传统作为命运仲裁者的规范作用，一种激进的相对主义得以逐步发展，它质疑一切，或者说几乎质疑一切，在面对公认的权威时毫不退缩。其结果是否定了绝对的价值观。对于诡辩家来说，真理的呈现形式和表象多种多样，可以因人因势而发生变化。此外，他们还对政治合理性和进步理念抱有信念；他们重视公民协和，认为公民协和是首要因素，并且毫不怀疑所有这些目标都可以通过说服的艺术来实现，而他们自己也乐于教授这种说服他人的艺术。

诡辩家的方法和思想遭到了大规模的反对，这并不奇怪，反对者不仅包括他们公开的敌人苏格拉底，还有那些城邦中秉持其他道德观和政治观点的人。诡辩家被斥为浮夸肤浅、相对主义、道德败坏和贪得无厌之徒。他们还被批评为只会批评和质疑一切，但却提不出任何积极而有逻辑的解决方案。

尽管诡辩家的思想饱受攻击，一些最杰出的诡辩家也遭到了诋毁——比如高尔吉亚或卡利克勒斯，我们从柏拉图的《高尔吉亚》中得以了解他们支持强者意志的论点——但诡辩家在当时的政治和知识界的地位仍然获得了极大提升。

修昔底德在这方面为我们提供了一个很好的例子。无论是从心理学的角度，还是从修辞学的角度，诡辩家的教义都使这位杰出的历史学家大受震动。修昔底德认为，负责政治领导的政治家应该按照人性的规范行事，以理性为指导，使自己从感情和错误中解放出来。这种带有诡辩主义倾向的开明思想，无疑在修昔底德经常来往的伯里克利的圈子里很有根基，但它终究与整个雅典社会的传统思想相抵触，这从埃斯库罗斯的悲剧中可见一斑，在索福克勒斯的悲剧中更是如此。

文学和城邦

想要了解在诸多城邦，尤其是在雅典的保护下，西方文学所经历的辉煌的时代，了解公元前 5 世纪的文学基本状况是十分必要的。广泛的文学体裁中迸发出瑰宝般的作品，证实了一观点，那就是古典希腊是最高程度艺术表达的沃土。

最突出的一点是雅典人发明了一种完全不同的文学体裁，这种体裁至今仍然生机勃勃，它就是戏剧。在一个多世纪的时间里，阿提卡首都聚集的人才以及在这里创作并在各地都引起广泛共鸣的作品，不禁令人惊叹。埃斯库罗斯、索福克勒斯和欧里庇得斯创作的雅典悲剧很快就在一些城邦，以及更遥远的西西里和马其顿等地上演，这证明了戏剧从一开始就具有在各地都能引起共鸣的特点。戏剧作者们在如此短暂的时间内积累如此高超的艺术技巧令人惊叹，然而遗憾的是，这些作者的戏剧作品只有少量存世（不到他们全部作品的十分之一）。

在抒情诗方面，底比斯人品达是古典时期希腊诗歌最杰出的代表。在这一文学

体裁领域中还有其他杰出人物，如西蒙尼德和巴基利德，但只有品达在运用多立克方言的语言色彩和韵律方面显示出炉火纯青的技巧，时至今日我们仍然能够品味其中的美感。从这一角度而言，诗人品达与雅典的戏剧家们共同展示了语言在这一历史时刻的美学意义。

但希腊文学取得的成功并不仅限于诗歌和戏剧。事实上，在公元前 5 世纪出现了一种“非虚构”的叙述形式：历史学。希罗多德和修昔底德这两位大师并不满足于发展一门学科，而是创立了历史学。希罗多德来自小亚细亚的哈利卡纳苏斯，西塞罗称之为“历史之父”。通过阅读这位不知疲倦的旅者的作品，我们得以对古代人

民有了直观的认识。但希罗多德首先是米堤亚战争历史的伟大叙述者。他关于希腊人和波斯人之间的战役的叙述笔走龙蛇，这些讲述都以冲突中主要参与者的直接证词为基础。

雅典人修昔底德则是伯罗奔尼撒战争的伟大记录者。他的叙事和历史作品已经超越了希罗多德，因为他特别注意以毫无偏私的方式收集事实（尽管他在冲突期间负责出谋划策），并竭尽全力严格辨别这些素材的真伪。因此，修昔底德不再用神的影响来解释人的行为也就不足为奇了。

这两位作者的作品，即希罗多德的九卷《历史》和

与神明的关系

宗教在公共领域的作用是诡辩家谈及的最有争议的问题，他们公开质疑希腊艺术中展示的神的存在和普遍认为的神不可战胜。

插图 公元前535年制作的锡弗诺斯人宝库壁画中诸神与巨人之间的战斗场景（现藏于德尔斐考古博物馆）。

修昔底德的《伯罗奔尼撒战争史》十分值得仔细品读。首先，这些作品的史实来源与他们所处的时代很近：如果这两位大师不在编年史中记录丰富的细节，那么这些细节无疑将无法挽回地消失在历史的尘埃之中。它们也同样是文学作品，其文学价值不可估量，因为其行文语言字斟句酌，具有极高的文体美感，读之使人叫绝。而且这些作品对于后世的历史学家——无论是提图斯-李维、塔西佗、恺撒还是萨鲁斯特——都产生了显著的影响。

在希腊历史上，没有哪一个时期有如此大量的著作问世，也没有哪一个时期产生了如此高水平的作者。除了古代诗人荷马和赫西俄德，以及哲学家柏拉图（公元前 5 世纪的杰出人物苏格拉底之徒）和亚里士多德之外，在这一时期，希腊文学领域最伟大的名字实际上仍然与城邦的辉煌紧密相连。

走向国家理性

在城邦的文化背景下，最重要的主题无疑是对神灵的尊重，以及宗教对于个人以及国家而言的定义。普罗塔戈拉创作的一篇关于神的本质的论文，以一系列思考开篇，这些思考十分深刻尖锐，被认为是近乎于无神论的宣言。神灵是神话、史诗、诗歌、悲剧的核心，也是公共和私人崇拜以及传统道德的中心，但在这篇论文中，神灵受到了质疑，而这种质疑可能令许多人感到讶异："神灵，我不想知道神灵是否存在，甚至不想知道他们是什么样子。因为许多事情让我们无法了解神灵，这个问题本身就十分模糊，而人类的生命也非常短暂。"（《论神灵》）

这并不是第一次大声表达质疑神灵这种可能会引起巨大争议的观点。类似的判断在苏格拉底之前的一些哲学家的作品中已经存在，如色诺芬和德谟克里特。然而，宣布神明存在的相对性最清晰尖锐的文本——被称为"西绪福斯的碎片"——是一首作者不甚确定的诗歌（一般认为是雅典的克里蒂亚斯所作，也有人认为是欧里庇得斯的作品），这首诗显露出诡辩家的行文特征。这首诗在论证时将多种诡辩术融会贯通，形成一种概括性的观点，试图通过政治、辩证和理性的神学来解释宗教的原则和目的、神的本质以及人与神的关系。宗教的发明、诸神的作用以及诸神为夺取权力运用的计谋，在诗中更像是一种出于颠覆所有政治制度的迫切需要而产生的要求。在这些条件下，宗教起到了合法化的作用，经人有意识地加以利用，宗教成为一种用于强化国家理性的把戏。

根据这些推理，人类学、宗教和政治相互纠缠，使传统价值体系相对化。希腊宗教，包括其中的神话，经史诗或悲剧的塑造，自其形成伊始就是完整而不可分割的，当它离开荷马和赫西俄德划定的超验领域，作为一个单独的心理因素进入历史领域，服务于社会凝聚力和国家合法性时，就会发生动摇。还有必要考虑到支撑这种诡辩主义范式的强烈的精英主义，这种诡辩主义范式构成了民众宗教体系的反面，而宗教体系是面向广大民众的，民众需要对这些守护国家善举的神灵心存敬畏。与之相对的，是迎合知识分子需求的、不具有威胁性的宗教体系。

因此，这种言论引发激烈的争议就不足为奇了。然而，这些思想的历史影响极为深远。梅嘉波利斯的历史学家波利比乌斯（公元前 2 世纪）对此表示赞同，他指出，民众的宗教不仅是罗马宪法的基石之一，也是其成功的关键之一。西塞罗紧随其后，其他许多人也是如此——如马基雅维利，他在文艺复兴时期重拾这些思想，建议君主要依靠民众的宗教施政。普鲁士的腓特烈二世将宗教作为学校教育的科目，希望接受宗教教育者不去犯罪。在结束这个小节之前，我们不能不提到著名的马克思名言，即宗教是“人民的鸦片”，这一观点正是历经几个世纪的传承，其根源可追溯至诡辩家的思想。正是在作为雅典民主的意识形态基础的诡辩术中，西方世界第一次在宗教和政治领域之间建立了明确的分野。

档案：戏剧、民主和社会

古典希腊最伟大的文化和艺术贡献无疑是戏剧，戏剧在公元前 5 世纪的雅典表现出前所未有的深度。

雅典的戏剧最初与为狄俄尼索斯举办的宗教节日庆典有关，是古典时期公民的重要教育工具。在剧院上演的剧种包括悲剧、喜剧和讽刺剧，悲剧是关于英雄主题和传说的戏剧作品，喜剧则是对日常生活中的政治人物进行幽默的批判。雅典悲剧及其三位伟大的展现者——埃斯库罗斯、索福克勒斯和欧里庇得斯——体现了公元前 5 世纪雅典的文化发展，经历了雅典的权力确立、民主和黄金时代，直至世纪末的民主衰落。这一时期的主要作品见证了雅典人情感的形成，雅典人将悲剧英雄饱含期望但冲突不断的行为看作生活在群体中的人类的精髓。民主雅典的生活应该在这种戏剧背景下解读和理解，此外还应加上在舞台上呈现在公民面前的道德和政治困境：如《俄狄浦斯》中伟大英雄人物纷纷陨落，《被缚的普罗米修斯》中为寻求正义而不懈抗争，《奥瑞斯提亚》中在爆发了冲突之后寻求和谐，《波斯人》中对民主倍加推崇，《美狄亚》或《希波吕塔》中在理性与激情之间徘徊反复。悲剧是民主的真正学校。也许《安提戈涅》这部作品比任何其他作品都更能象征典型冲突和处理冲突的方式：个人面对集体，青年面对老者，公共面对私人，男人面对女人，法律面对道德。

古代的喜剧对民主也同样起到了重要作用。在颠覆幽默的面具之下，是对政治道德和政治人物的批判，反映了当时社会的思想状态。阿里斯托芬创作于伯罗奔尼撒战争期间的喜剧完全是政治性的，无论是批评野心勃勃和不择手段的战略家和

悲剧舞台（左侧） 一群戴着面具的市民组成了萨提尔剧的合唱团，萨提尔剧是悲剧和喜剧一同呈现的影响力较小的一种体裁（现藏于那不勒斯圣马蒂诺博物馆）。

演员和合唱团

一部希腊戏剧能否上演，取决于它是否符合严格的规则。起初，悲剧由两名演员（负责对话）表演，只有一名候补演员予以协助。他们利用服装（一件外套或外衣，一件大长袍或斗篷）和用亚麻布条制成的轻型面具区分角色。在埃斯库罗斯的时代，由12名团员组成的合唱团负责为演员伴奏。后来，索福克勒斯引入了一系列创新，他在现已失传的论文《论合唱》中对此进行了描述。这些创新包括引入第三名演员，并将合唱团团员的数量增加到15人。

插图 公元前3世纪的陶俑，表现的是一位无名女演员，出土于大希腊地区（现藏于塔兰托考古博物馆）。

领导人的错误统治，如克里昂或阿尔西比亚德；还是嘲笑人民的教育家，如苏格拉底；抑或是嘲讽普通公民的程序性疯狂——如在《黄蜂》中所表现的那样；以及在喜剧的镜子中映射出公民群体的日常关注。因此可以说，雅典的戏剧在公民精神的形成中起到了具有根本意义的教育作用，它对雅典政体凝聚力的影响与宗教节日对其的影响同样重要。国家资助的戏剧具有道德教化功能，它鼓励公民反思集体生活中的严肃问题、人类面临的极端状况以及自然法则与城市法则之间存在的冲突。从政治角度来看，这些文化活动适于引发对社会和政体的思考，同时促进城邦的凝聚力。

戏剧万花筒

希腊戏剧的独特之处在于从经验中不断学习，使每个人都成为其他人戏剧行为的见证人。正如柏拉图在《斐德鲁斯》中所定义的那样，城邦中民主的本质在于人们通过在城市中、在阿哥拉上、在法院或公民大会中与其他公民见面交往，逐渐学会如何做一名公民。但是，城市的情况可能会发生变化，使人们生出对宁静的渴望，希望远离城市的喧嚣，为乡村或小村庄而感到伤怀。阿里斯托芬的一出喜剧正反映了这种对质朴的渴望。在公元前 425 年伯罗奔尼撒战争的悲惨时代，这位喜剧作家写下了剧本《阿卡尼亚人》，其中的主人公迪索波利斯并非来自大城市，而是来自阿提克的一座村庄，他因战争不得已住在城里，他在剧中说道：“我是第一个到达公民大会的人；我坐了下来，看到自己茕茕孑立，形影相吊，我哀叹，打哈欠，伸懒腰，放屁一个接一个，我无聊得要命，开始一根根拔起身上的毛来，一直拔了一千根；我开始梦见乡村，沉醉于和平；我讨厌城市，想到我们村里的那些人，他们不知道‘买煤、买醋、买油’是什么意思，他们甚至不知道什么是‘买’，他们自给自足，根本不需要‘买、买、买’来让他们脑袋炸开。这一次，我下定决心，谁跟我们讲和平之外的东西，我就对谁大喊大叫，大吵大闹，怒吼咆哮。”

这里没有任何关于希望住在乡下的哲学理由。相反，城市生活的弊端却以一种触及心灵的质朴方式清晰地呈现出来。写下这些句子的作者本人也深度参与了城市的政治和文化生活，展现了一个与城市生存相关的乡村生活愿景。但是，城市和乡村之间的对立在这里显得很是突兀，因为这种对立的原因仅仅是城市的生活方式被认为导致了无法接受的、漫长难挨的战争。事实上，古代作家既是我们关于古典城邦生活的资料来源，也是其见证者，他们总是描绘城市居民在各种职业活动、乐趣和消遣中的喧嚣和骚动。古代诗人赫西俄德通过对贵族价值观的批判性审视和对农业劳动的赞美来捍卫需要从事具有美德的活动，农业劳动与过度和积累背道而驰，因此也与狂妄不相为谋。然而，从古典时期开始，城邦世界的一个特点恰恰在于社会对于谋取利润的行为持接受态度。

自古时起，许多希腊城市因土地分配导致的社会和经济冲突而离心离德，这些城市都渴望内部和平，希望获得贸易利润。这就是米蒂利尼的古代诗人阿尔卡乌斯所说的："财富造就伟人，没有一个穷人高贵、受人崇敬。"政治权力划分的冲突往往导致公民之间不可调和的分歧和政治激进化的倾向：这就是城市中一些大的民间冲突（staseis）的根源，这种现象古已有之，但在古典和希腊化时期仍然存在。

一个典型的例子是公元前 435 年在埃皮达鲁斯发生的寡头政治执政者和民主派之间的内部斗争。正如修昔

城邦生活的重要活动

在雅典这个戏剧流派的摇篮中，举行戏剧比赛的节日极其重要，无论是大狄俄尼索斯节还是莱娜亚节。在持续数天的比赛中上演一部部悲剧和喜剧，比赛的获胜者将收获巨大的声望。雅典公民并不是这些庆典活动的唯一观众：人们从四面八方的城市赶来观看著名的悲剧表演，特别是在献给狄俄尼索斯的节日里。剧院上演的作品由富有的赞助人资助，确保作品能够获得公众的青睐。有些作品非常脍炙人口，上演后很久人们都会念念不忘，甚至有些段落或典故已经成为民众遗产的一部分。

插图（左图） 埃皮达鲁斯剧院景观，修建于公元前4世纪，在希腊化时期经历过扩建。重建的科林斯城，其剧院位于右侧。

底德所指出的那样，科西拉、科林斯和雅典等实力强大的地区相继卷入该城邦各派的内部倾轧，继而导致了大规模冲突，最终将半个希腊拖入泥潭。事实上，内部的权力斗争，也就是令人生畏的党派之争（staseis），被视为城邦政治共同体最大的危险。在古典世界的希腊城邦中，殖民地逼仄狭小、资源贫乏进一步刺激了社会冲突，同时土地及其产出共享也是冲突的导火索。由相对较小的纠纷产生的冲突演变成城市之间全面战争的情形并不罕见。整个古典时代最长、最血腥和影响最大的冲突正是这样产生的，即伯罗奔尼撒战争。没有任何事件

建筑结构

戏剧在我们所知的古典半圆形建筑中演出之前，还有更原始的舞台。起初，狄俄尼索斯节的咏唱只是在空旷的地方表演。由于这些庆祝活动越来越受欢迎，人们便搭建了木质看台，供日益增多的观众坐下来观赏。从公元前5世纪中叶开始，特别是在公元前4世纪，石质建筑变得更加普遍。利用起伏不平的地形，这种建筑能够为10000多名观众提供良好的视野和声学效果。雅典、德尔斐、多多纳和埃皮达鲁斯的剧院都是这种建筑的杰出代表。

在城邦最重要的建筑中，剧院的装饰非常丰富。

插图 雅典狄俄尼索斯剧院细节，展现的是戏剧之神的神话伴侣西勒努斯。

❶ **看台** 剧院建在山脚下，呈半圆形，看台占据了剧院围墙的四分之三。

❷ **贵宾席** 看台的第一排是城邦重要人物的座席，中间是剧院的守护神狄俄尼索斯的祭司的座位。

❸ **音乐堂** 靠近剧院，这一部分覆盖或全部覆盖的建筑被用来举行抒情诗和歌唱比赛，有些音乐堂可以容纳5000名观众。

❹ **剧院** 在公元前6世纪至公元前4世纪，剧院一直在发生变化。最初是简单的木质结构，后来变成了适应地形的大型石质空间。

❺ **舞台** 舞台是剧院中最重要的空间，演员在这里排练以不断提升演技，演出也在这里进行。舞台比乐池略高，在舞台后方的两个侧翼放置了背景帆布。

❻ **乐池** 乐池位于剧院的中心，12或15名合唱团团员和合唱团领队就置身这里。他们的作用是引导观众并向观众解释表演的剧情。演出时会伴以音乐和舞蹈。

面具 公元前 4 世纪的希腊浮雕的罗马复制品，献给剧作家米南德（现藏于罗马梵蒂冈博物馆）。

对城邦造成的影响比伯罗奔尼撒战争更持久，无论是对城邦内还是对城邦外。为了应对政体模式陷入的紧急状况，许多希腊知识分子提出了心中理想的解决方案，所有方案都涉及城邦系统的改革。

阿里斯托芬的提议

在这种情况下，最异端和最幽默的方法当然是来自雅典的戏剧场景。阿里斯托芬是雅典现实敏锐犀利的观察者，也是对其同胞某些态度的毫无怜悯的批评者。和平是其作品中最偏好的一个主题，这绝非偶然，因为他生活在伯罗奔尼撒战争时期，斯巴达和雅典分别率领各自的联盟展开了残酷的战争。在他现存的 11 部喜剧中，有 4 部直接提到了这场战争的不同阶段，行文中常暗示尽快结束冲突，迎

伟大的希腊剧作家

希腊古典戏剧以四大主要作家为代表，他们是埃斯库罗斯、索福克勒斯、欧里庇得斯和阿里斯托芬。他们是雅典黄金时代仅有的全部作品都得以保存的作家，这主要归功于几个世纪之后拜占庭帝国时期卓越的保护工作。前三位作家体现了一个世纪以来悲剧的发展。埃斯库罗斯是首位采用悲剧体裁进行创作的作家，为悲剧构成的主题和结构奠定了基础。虽然与后来的悲剧相比，他的作品显得四平八稳，但埃斯库罗斯的创新和暴力戏剧确实是理解整个戏剧流派演变的基础。索福克勒斯代表了戏剧艺术的顶峰，他创造并完善了一种新的场景语言，这使他能够与观众建立对话。虽然与索福克勒斯同时代，但欧里庇得斯被认为是悲剧演变第三个阶段的代表，因为他的戏剧更加现代。这位剧作家不再让诸神占据舞台的中央，他擅长以极其敏锐的眼光审视让人受尽折磨的、令人心碎的冲突。阿里斯托芬则完全不同：他以喜剧为创作体裁，要素与前三位区别很大。悲剧几乎总是提到神话，而阿提卡喜剧则以事实、背景和作者的同时代者为素材，通过幽默对社会恶习和问题大加抨击。在这个领域中，阿里斯托芬无人能敌。

来和平。早期的两部喜剧《阿卡尼亚人》和《骑士》对应冲突的早期，它们批评了雅典领导人的态度，他们更希望继续战争，欺骗人民，给人民造成不必要的痛苦。

后来，在公元前421年，这位喜剧大师完成了《和平》，这部作品的标题直抒胸臆，庆贺的是期盼已久的《尼西亚斯和约》的签署，该和约本应结束斯巴达和雅典之间50年的敌对行动。对于反战者和雅典的未来而言，不幸的是，该条约在达成之前就已被撕毁。

在写于公元前411年伯罗奔尼撒战争形势十分严峻时期的《利西翠妲》中，阿里斯托芬的艺术和幽默达到了最高境界。在这个危机四伏的时代，他提出了一个不同寻常的解决方案：应该由女性接管国家的权力，通过结束这场旷日持久、正在摧毁希腊所有城市的敌对行动，来结束战争带来的男性灾祸。这部具有象征意义的作品不仅提出了政治体制改革，还围绕雅典民主未来普遍关心的主题进行了辩论：两性之间的关系、宽容的界限、个人在集体权威面前的脆弱、文化力量作为对抗野蛮的武器，等等。创作这部喜剧《利西翠妲》，对于这位大胆的作者来说也不是没有风险。雅典当时刚刚在对锡拉库扎的海军远征中失去了舰队，这导致了一场前所未有的灾难。数以千计的人死亡或失踪。一场持续了一代人、似乎永远不会结束的战争出现了转折，雅典民众随即陷入了惊愕。正是在这种内部冲突无处不在，而前景委实难料的混乱情况下，阿里斯托芬向观众们展示了如何以极其奇特的方式实现许多人梦寐以求的和平。

利用喜剧的文学通行证，诗人将言论自由（parrhesia）推向了极限。这一提议敦请雅典女性通过罢工来接管城市的行政管理权，从而取代那些被证明无力结束一场不断带来死亡和灾难的战争的男性。

为了改革现有的政治结构，《利西翠妲》的主人公构思了一片雅典的乌托邦政治景象，并援引了一个既具有建设性又具有创新性的宪法提案："就像我们在洗衣槽里洗羊毛一样，应该先鞭打坏公民来去除杂质，把油脂从城市中洗出去；然后是那些聚作一团担任公职的人，要把他们梳开，让他们彼此分开，再把他们的头去

四大经典希腊戏剧

公元前5世纪雅典的四大戏剧家的作品是文学史上的丰碑，因为他们的作品代表了古典时代的希腊精神，这四位作家比任何人都更能表达雅典精神。

《被缚的普罗米修斯》 在这部已知最古老的悲剧中，埃斯库罗斯已经勾勒出了悲剧的经典规则，其中神明和合唱团在事件的发展过程中具有决定性的作用。

《美狄亚》 在这部创作于公元前431年的作品中，我们发现了欧里庇得斯戏剧的一些基本特征：古典神话的现代化，探索人类灵魂的倾向，以及一个因其力量和决心而令人钦佩的女性形象。

《利西翠妲》 这是一部由阿里斯托芬创作的喜剧，作品中的女性为了结束战争剥夺了男性的性生活。它在公元前411年雅典和斯巴达之间旷日持久的冲突中，提出了激动人心的和平请愿。

《俄狄浦斯王》 这部作品被许多学者认为是有史以来最优秀的戏剧作品。索福克勒斯的悲剧是悲剧讽刺的最佳代表，在突出主人公的同时，作者还与观众之间形成了紧密的默契关系。

掉……；然后把所有乱糟糟的一团团丢到垃圾箱里，梳理清楚彼此的善意；然后再加上那些个外国侨民，就是那些外国人朋友们，他们还欠着国库的债呢；至于作为这些人殖民地的城市，老天在上，必须说这些城市就像是两股羊毛，各自就位；最后，把这些线拉长，缠成一个大毛线球，用来给人民织件外套。”

阿里斯托芬的《利西翠妲》以一场宴会结束，雅典人和斯巴达人在宴会上达成了和解，解决了彼此的分歧，签署了期待已久的和约。然而戏剧作品中的情节与舞台下的现实迥隔霄壤。这只是一个乌托邦式的梦想。战争的现实继续用鲜血书写着充满苦难的日常生活场景，而这些场景很快就会变成一幕幕悲剧。根本不可能达成和解。雅典疲乏不堪，耗尽了所有资源，输掉了这场战争。而作为胜利一方的斯巴达却也并未受益，这场战争为这座城邦敲响了丧钟。到最后，双方都是输家。雅典失去了它的海上帝国，而斯巴达则失去了刚刚获得的霸权。只有城邦体制在所有危机的夹缝中存活下来。民主的雅典和寡头的斯巴达都身不由己，只能继续向前，直至另一种模式，即马其顿的君主制，覆盖整个希腊的城邦世界，为辉煌的古典时代画上休止符。

采水者

雅典帕提侬神庙的北侧门楣，大约制作于公元前442年至公元前438年（现藏于雅典卫城博物馆）。

插图（右侧） 杜里斯（公元前480年）的双柄杯，展示了雅典娜从怪物手中拯救了杰森（现藏于罗马梵蒂冈博物馆）。

雅典霸权

军事上的胜利、独特的政治制度、娴熟的政治家和强大的舰队将雅典推向了巅峰。雅典在以这座城市伟大的政治家命名的“伯里克利世纪”确立了自己在经济和军事方面的巨大优势。然而，雅典模式的成本高昂，而且包含某些不完善之处，这些都将不可避免地导致雅典模式最终走向崩溃。

“五十年”（Pentakontaétie），这是修昔底德创造的一个术语，指的是米堤亚战争结束至伯罗奔尼撒战争开始之间的50年，即公元前479年至公元前431年。在成功抵御波斯人的入侵胜利保卫希腊世界后，斯巴达和雅典这两个在历史上第一个泛希腊联盟中的盟友，将胜利的果实收入囊中。尽管抵抗薛西斯的武装防御主要因为斯巴达和雅典结盟而取得了胜利，但在胜利之后两个城邦渐行渐远。雅典凭借地米斯托克利的计划和他筹建的强大舰队，最终成为地中海东部最强大的海军力量。

城邦开始负责保护其在小亚细亚的爱奥尼亚盟友，为了做到这一点，在阿里斯蒂德和客蒙的迫切请求下，雅典一直维持着海上霸权，作为政治和军事的工具。随后，雅典巩固了与爱琴海沿岸的各岛屿和城市之间的强劲联盟，这种联盟的期限不定，且只是分别与雅典结盟，雅典在其中保持了优势，严禁其盟友之间相互结盟。

希腊联盟最初的领导是斯巴达，以抵御波斯的威胁，但后来联盟的性质发生了变化，霸权逐渐向雅典倾斜。从那时起，权力就集中在斯巴达和雅典这两个中心。虽然毫无疑问，斯巴达继续领导着伯罗奔尼撒联盟，但雅典却控制了一个新的希腊联盟，也被称为提洛同盟或提洛联盟，雅典毫不犹豫地利用这个联盟达到自己的目的。

公元前 477 年提洛同盟的建立，将外交政策与社会结构的改革联系起来，是影响雅典民主的一个决定性因素。通过这种方式，雅典将其保护范围扩大到小亚细亚的希腊城市及周边岛屿。

先是在阿里斯蒂德的影响下，后又在具有传奇色彩的亲斯巴达贵族的影响下，舰队的权力不断提升，最终成为雅典称霸最有效的工具。以雅典为首的同盟是在与所有需要防御波斯帝国的城市签订的期限不定的双边协议基础之上形成的，这些城市大多位于爱琴海周围。这使雅典得以将自己的战略家们置于提洛联盟的最高领导之位，来巩固其霸权地位。

从公元前 470 年开始，舰队的使用成为雅典政治的重中之重。一方面，舰队向其盟友，即提洛同盟成员国提供保护；另一方面，它控制了爱琴海的主要交通航线，向城市供应来自黑海殖民地的粮食，同时进行必要的军事干预。

以舰队为象征的雅典海上力量，不仅是雅典完全面向海外扩张外交政策的决定性因素，而且也是城市腾飞的关键，它使公民和船员的价值得到肯定和提升，并使他们以决定性的力量参与国家的领导。

斯巴达和雅典走向决裂

米堤亚战争结束之后，希腊的政治格局产生了两大后果。首先，在海上，随着雅典商业和经济的非凡崛起，它经常采取侵略性的扩张和干预政策——如公元前460年左右，客蒙对希腊北部或对塞浦路斯和埃及发起的远征——引发了与其他同样希望争夺海上优势国家之间的冲突。其次，传统上代表着陆地权力的斯巴达，凭借重装步兵方针毫无悬念的优势，进一步发展其军事优势，而面对雅典，斯巴达一直采取更为谨慎的对外政策。两者不同的发展方针，逐渐使得斯巴达和雅典之间不可调和的对立日益显著，与此同时，斯巴达周围的多里安村庄和雅典周围的爱奥尼亚村庄也出现了两极分化。此外，两者各自在其影响区域内所代表的政治和文化模式也完全不同。

因不愿放弃已经控制和影响的区域，雅典海军势力范围不断扩张的直接后果便是与其他海军劲敌不断爆发新的冲突，主要是与科林斯，同时也包括伊吉纳或梅加拉。由于雅典的对手是伯罗奔尼撒联盟的成员，斯巴达和雅典之间的对立情绪很快显露出来，而且日益明显。从公元前5世纪下半叶起，这种对立情绪使得新生的敌意和日益增长的好战倾向最终逐渐成为希腊政治的主导。

公元前479年至公元前478年，在地米斯托克利的要求下，雅典修建长墙引发了第一次危机，斯巴达将此举视为战争的准备工作，并认为这是阿提克城邦不信任斯巴达的表现。

从另一个角度看，围绕城市修建的新城墙将皮雷港区包含在内，它标志着雅典旧有的行为规则已经发生了改变。这种变化意味着雅典已经摆脱了在此之前希腊境内战争的传统战术。只有雅典有能力实现这种改变，因为随着其舰队实力的增强，雅典已经拥有了为其居民提供生活所需的绝佳手段。此后不久，主宰希腊世界的两个大国之间出现了新的危机。在公元前462年对伊索米的围攻中，双方自米堤亚战争结束后一直保持的友好关系首次遭到破坏。因雅典和斯巴达之间有盟约，斯巴达人当时正在伊索米亚山上的堡垒围攻叛乱的希洛特人，雅典部队在亲斯巴达的贵族领袖客蒙的指挥下，前来援助斯巴达的重装步兵。然而，由于担心雅典人在围攻

希腊“五十年”的重要日期

公元前479年

迈卡莱角和普拉塔亚战役 这两场战役标志着希腊人对抗波斯人的决定性胜利。

公元前477年

提洛同盟建立 雅典以帝国主义的方式领导着城邦同盟，通过这个同盟主宰着爱琴海地区。

公元前454年

转移提洛同盟金库 金库被转移到雅典，管理金库使阿提克城邦拥有了更多的经济权力。

公元前445年

三十年和平 在雅典和斯巴达发生了几次冲突后，双方签订了互不侵犯条约。

公元前445至公元前429年

伯里克利成为雅典的统治者 阿提卡城巅峰时期恰好是伯里克利几乎无间断的统治时期。

公元前431年

伯罗奔尼撒战争开始 斯巴达入侵阿提卡，以阻止雅典权力日益增强。

胜利但分裂的希腊

薛西斯的军队战败后，各城邦面对波斯人的威胁所激发出的泛希腊情绪再也无法避免希腊世界围绕着两种不同类型的政府而分化——分别是雅典和斯巴达。

围绕着两个最大的城邦（斯巴达主宰伯罗奔尼撒地区，雅典主宰爱琴海）建立的两个联盟引发了一系列的紧张局面，而这些紧张局面最终在以雅典的霸权为主要标志的古典时期变为具体的冲突。雅典和斯巴达之间的分歧导致了一场不可避免的战争，即伯罗奔尼撒战争。这场战争持续了近30年（公元前431年—公元前404年），最终导致雅典缓慢但无法阻挡地走向衰落。对抗波斯人的共同胜利并不足以使分崩离析的各个城邦保持团结，它们因各自的利益而分裂。

插图 来自埃吉纳的阿菲亚神庙的雕塑（现藏于慕尼黑古代雕塑展览馆）。

期间会与麦西尼亚人勾结起来对付自己，斯巴达人决定拒绝雅典人的帮助，最终将雅典人送回了雅典。

这一事件对客蒙来说是一个重大的政治失利，此后他不得不让位于他伟大的对手——埃菲亚尔特和后来的伯里克利——他们公开反对斯巴达政策，而且更倾向于与波斯帝国议和。

此后，雅典和斯巴达开始彼此猜疑，怀有敌意，这也影响了希腊其他城市的内部政策。雅典人在各地倡导民主，而斯巴达人则强调政治贵族

化倾向。从宪法上来说就已经存在的对立激化了两个强大势力之间的紧张关系，并蔓延到其他采取对立立场的城邦。雅典从伊索米亚之辱中得出结论，放弃了与斯巴达的联盟。同时，雅典又与拉栖代梦人（即斯巴达人）的宿敌阿尔哥斯人达成了协议，并和当时正与科林斯交战的梅加拉联合起来。此举被科林斯人视为敌对的表示，他们的贸易受到雅典压倒性力量的威胁，非但如此，对于科林斯人来说，雅典人和梅加拉人之间的协议无疑意味着针对科林斯的联盟。

雅典的主要殖民地

雅典的对外政策严重偏离了自己城邦所奉行的民主路线。自战胜波斯人之后，可以用帝国主义来定义雅典的态度。除了武装斗争之外，雅典夺取权力的方法之一是殖民化。

提洛同盟最初为抵御外敌而创立，后来被视为雅典控制同盟城邦的工具。如果其中某个盟友想要脱离同盟，雅典就会在其境内设立神职人员。这是与城邦密切相连的殖民地，由殖民兵负责管理，这些殖民兵是贫穷的雅典公民，如果他们同意成为重装步兵，那么就可以获得分配的土地。殖民兵时刻准备为雅典提供协助。

插图（左侧） 雅典4德拉克马银币，一面是城市保护者雅典娜的雕像，制造于公元前420年至公元前404年（现藏于巴登州博物馆）。

随着雅典站在阿尔哥斯和梅加拉一边，伯罗奔尼撒半岛的政治局势发生了根本的变化。以斯巴达和科林斯为首的伯罗奔尼撒联盟的一些成员将新联盟视为威胁，因此决定加强他们之间的联系。

雅典的霸权地位原则上建立在防御性政策的基础上，但随着时间的推移也发生了变化。一方面，它开始部署军事统治政策，通过武装夺取具有战略意义的领土（波欧提亚、洛里斯、伊吉纳岛，以及伯罗奔尼撒的几个沿

❶ **色雷斯海岸** 提洛同盟的多个色雷斯城市明确表示愿意投诚。例如萨索斯，这座城市自愿屈服，丧失了军队，被迫支付沉重的赔偿金。波提狄亚、埃翁和其他地区也建立了殖民地。

❷ **色雷斯的凯尔索涅索斯** 米堤亚德征服了色雷斯的凯尔索涅索斯，随后建立了僭主政治，再后来建立了殖民地，这对于雅典控制赫勒斯滂海峡十分有利。

❸ **萨摩斯** 波斯人战败后，萨摩斯岛加入了提洛同盟。公元前441年，它反叛了雅典，后被制服。然而，直到公元前4世纪，萨摩斯才成为殖民地。

❹ **纳克索斯** 纳克索斯是提洛同盟中最早反叛雅典的盟友。公元前468年，纳克索斯岛被围，军队战败。公元前443年，第一批殖民兵抵达纳克索斯。

❺ **埃维厄岛** 早在公元前5世纪，雅典的殖民兵就已经出现在埃维厄岛的首府哈尔基斯。米堤亚战争后，殖民兵就消失了，直到公元前446年该岛反叛，再度在哈尔基斯和埃雷特里亚重新建立了殖民地。

❻ **印布罗斯、利姆诺斯和斯凯罗斯** 这三座岛屿对雅典来说至关重要，雅典将它们作为爱琴海补给线上的中转站。尽管雅典在伯罗奔尼撒战争中战败，但仍想不惜一切代价保留这些殖民地。

海城市）。另一方面，通过分配海外土地（clerouquies）和征收贡赋，雅典收割了海上霸权的胜利果实。因此，雅典可以将生产性土地分配给感兴趣的公民，同时将自己打造成爱琴海最重要的金融中心。

雅典越来越公开地展示其对盟友的主权。没有什么比一些成员国为脱离联盟而做出的绝望而徒劳的尝试更能说明该联盟的强制性质了。妄图脱离联盟的国家遭到了暴力镇压，反叛的城市不得不接受雅典在城中设立的管辖机构。

公元前 454 年，以提洛岛的地理位置在波斯人再次入侵时过于暴露为借口，雅典人将存放在那里的同盟金库永久地转移到了雅典。

为支付联盟费用而设立的联盟城市的捐金，最终成为向雅典霸权进献的贡金。这些金额巨大的资金流入阿提卡，主要用于资助需要大量资金的民主改革，特别用于支付工资和其他补偿。联盟的财政很快就受到了影响。还有数额同样庞大的其他资金被用来装点雅典城。最初的自由联盟（symmachia）最终转变为帝国（archè）。

公元前 449 年，雅典人卡利亚斯与阿契美尼德帝国议和，根据条约内容，波斯人承认雅典在爱琴海的霸权，而雅典人则放弃了对埃及、塞浦路斯和黎凡特地区的所有行动。这项协议满足了政治家伯里克利的欲望，他致力于巩固米堤亚战争后形成的现状，加强雅典在爱琴海和爱奥尼亚海的权力和威望。

雅典的影响

在国内政策方面，伯里克利十分注意美化雅典，在雅典修建了许多标志性或宗教性建筑，这使得惨遭薛西斯蹂躏的庇西特拉图家族的城邦成为希腊的第一个城市。

在此背景下，伯里克利的个性显得尤为有趣。修昔底德分析了伯罗奔尼撒战争中雅典在最后溃败前伯里克利的统治，这场战争在一定程度上阐释了他的政治理念，尽管伯里克利本人充满争议，但修昔底德仍然尝试着还他一个公道。当述及伯里克利和雅典人的关系时，修昔底德肯定道："（雅典）在民主的名义下，权力实际上掌握在这位第一公民的手中。""伯里克利能够维护人民的自由，但并不为自由的诱惑所动。"（《伯罗奔尼撒战争史》第二卷，65）这位雅典历史学家对伯里克利尤为赞赏，强调了他对雅典城邦的贡献，但对他在政治上的阴暗面也并未闭口不谈。通过对伯里克利的性格分析，揭示出雅典民主固有的矛盾性。

伯里克利作为有影响力的阿尔克梅尼德家族的一员，他的权力随着其政治思想的实施日益增强。他的经历清晰地展示了一位当选的执政官如何一步步超越了城邦的标准化框架。众所周知，伯里克利圈子的公共影响力巨大，堪比僭主的宫

古典时期希腊社会中的奴隶

除了因斯巴达人的奴役而沦落为奴的希洛特人外，全希腊的奴隶地位相当统一：他们是商品。然而，他们从事的工作各不相同，他们的生活条件也各不相同。与希洛特人不同的是，商品奴隶由于所处条件不同，因而从未起义反抗过。

亚里士多德在他的《政治学》中提到了奴隶制，反映了当时大多数人都赞同的观点。主人和仆人之间的关系被视为“公正的”，甚至是“良好的”。虽然奴隶被赋予比家畜更高的地位，甚至被赋予了灵魂，但只要他们是用来执行命令的“工具”，奴隶的身体就比他的灵魂重要。今天，这样的观点可能令人惊讶，但在当时则是压倒性的意见。奴隶主要通过战斗和征服获得。希腊人主要奴役他们眼中的野蛮人，但有时也会在战后奴役其他希腊人——然而，在支付赎金后，这些人可以得到释放。奴隶的任务种类多样。女性通常被指派从事家务劳动。男性可以在田间或矿场工作，为制成品（织物、陶瓷等）的生产做出贡献，或经营小商业。特殊技能和艺术技能受到富有主人的高度重视。在某些情况下，奴隶可以在征召下加入军队。尽管奴隶们对城邦的经济运作至关重要，但他们没有法律权利，不能拥有任何东西。而且他们也不可以建立家庭。奴隶的孩子属于主人。奴隶可以由其主人释放，之后可以拥有财富。

插图 公元前5世纪的红色图案陶瓷，显示了一名在矿场工作的奴隶。

廷。在他去世时，也就是伯罗奔尼撒战争（公元前 429 年）开始时，他的城邦世界在达到政治能力巅峰之后爆发了危机。通过伯里克利，我们见证了个人愿望如何逐步战胜了平等主义意识形态，战胜了自克利斯梯尼时代以来就在雅典一直施行的均法。

尽管不可否认，伯里克利时代的雅典灿烂辉煌，在他统治时期雅典成为希腊的政治、文化和经济中心，但我们不应略过其消极的一面，尤其是对盟友的惩处，这些盟友为雅典的民主发展和文化腾飞支付了高昂的代价。沉重的负担落在了他们的肩上，同样沉重的负担也落在了城市中人口相对巨大的奴隶身上。他们成为雅典民主的关键因素，时常在不人道的条件下从事着最艰苦的工作，如劳里昂矿场的矿工们。雅典经济的繁荣发展主要归功于这些人。

雅典民主最终成为公元前 5 世纪希腊前所未有的宪政制度。在提洛司盟处于鼎盛时期（公元前 5 世纪 60 年代和公元前 5 世纪 50 年代），雅典民主建立和巩固之前，曾经存在一种共享型集体政府形式，资产雄厚的经济和社会团体参与其中，他们通力合作或彼此竞争，成功地对城邦未来的规划产生了决定性的影响。从地米斯托克利时代开始，雅典坚定地转向海洋，并随着定位的彻底改变，逐渐建立起崭新的民众参与制度，这种制度依仗的便是重要的舰队，以及从舰队衍生出的一切。根据伯里克利的理论，民主和海军实力是同义词，如若雅典放弃其在希腊的霸主地位，就可能失去一切。

客蒙和伯里克利

我们现在来看看“五十年”时代的两位主要政治人物：战略家客蒙和伯里克利。这两位人物的政治倾向截然不同，一位是贵族制的支持者，另一位则是民主制的支持者，他们的行动引导着雅典力量的崛起。客蒙是赫格西皮勒公主的儿子、色雷斯国王奥洛罗斯的孙子，他与修昔底德也有亲戚关系。客蒙出身菲莱德贵族家族，他的父亲小米堤亚德是马拉松战役英雄大米堤亚德之子。小米堤亚德由于攻打帕罗斯岛失利而被判处了罚款，过世后留给客蒙的是一大笔债务，最后还是因他的妹妹埃

尔皮尼卡嫁给了雅典著名的富翁卡里阿斯而得以还清。客蒙继承了父亲的威望，虽然他的受教育程度不高，但仪表堂堂，魅力十足，这使他的政治生涯一帆风顺，得到了民众的广泛支持。客蒙的政治生涯颇富传奇色彩，获得了不少来自公共和私人的资助。

米堤亚战争结束时，雅典由两党控制，它们是分别由阿里斯蒂德和地米斯托克利领导的贵族党与民主党（后来又分别由客蒙和埃菲亚尔特领导），两党之间的平衡十分微妙。利用对手的疏忽和失误，客蒙很快就在贵族中占据了主导地位，并于公元前 476 年被任命为战略家。随后，他又被授予雅典盟友的指挥权。客蒙参与了一些战斗，都打

色雷斯人和雅典人

公元前 6 世纪至公元前 3 世纪的色雷斯金角状环，上面刻有雅典娜女神的图案（现藏于索菲亚考古博物馆）。

色雷斯人和雅典人始终保持着联系，有时也发生冲突。

强大的雅典菲莱德家族

在雅典的历史上，在民主制度出现之前，曾有多个贵族家族先后上台执政。其中最富有、最强大和最古老的是菲莱德家族，其传奇的起源可以追溯到阿贾克斯的儿子、伊利斯（伯罗奔尼撒半岛西部的一个王国）的君主菲莱乌斯。菲莱德家族在雅典古典时期发挥了相当大的作用。

随着雅典的扩张，该家族的财富不断增加，在阿提卡和爱琴海拥有无数财产。菲莱德家族是雅典辉煌时期的主角，根据希罗多德的说法，这个家族的成员米堤亚德攻占了利姆诺斯岛，并在色雷斯的凯尔索涅索斯建立了菲莱德家族的僭主统治。另一位杰出的成员是小米堤亚德，他最著名的功绩是在雅典对抗战胜波斯人的马拉松战役中担任战略家。最后，小米堤亚德的儿子客蒙是打造雅典黄金时代的主要人物之一。他不仅投入了大量的资金，促进了有利于城邦的改革，而且还是一位杰出的军事家，普鲁塔克的《平行生活》中有专门的篇章献给客蒙。

插图 公元前4世纪制作的小米堤亚德半身像（现藏于拉文纳国家博物馆）。

了漂亮的胜仗——例如攻占拜占庭和艾翁等早期功绩——使他获得了巨大财富，并使雅典控制了色雷斯的矿产资源。

凭借高超的沟通天赋，再加上为人和蔼可亲、平易近人，又有运气的加持，客蒙成功地赢得了民众的青睐，并独揽城市大权。他的政敌指责他蛊惑人心，还批评他沉湎于美酒和美女。一度，关于他和他的妹妹埃尔皮尼卡乱伦的传言甚嚣尘上，而这些谣言很可能是他的政敌散布出来的。斯巴达和雅典之间的决裂就发生在伊索米亚事件之后，当时客蒙率领一队雅典重装步兵，赶赴前线向平复希洛特叛乱的斯巴达人施以援手。然而，客蒙未能完成出兵目标而被迫返回，这一挫败使客蒙被判处了 10 年的流放。而客蒙此前一直在针对波斯采取敌对政策和亲斯巴达人立场之间维持平衡，如今这一策略也被推翻，信誉扫地。客蒙受辱为激进派埃菲亚尔特登上政治舞台创造了条件——埃菲亚尔特是民主改革派政治家，坚决致力于削弱贵族阶层对国家发展方向产生的影响。埃菲亚尔特利用客蒙被放逐和代表着富人和中产阶级的重装部队不在城内的时机，在公民大会上颁布了一项法律，这项法律削弱了刑事法庭的权力。此前，这一古老机构主要履行监督法官工作的职能，这使它具有相当大的影响力。无论如何，这座贵族阶层的堡垒经过埃菲亚尔特的改革被大大削弱了。

作为一名将军，客蒙才华横溢，心思缜密，锐意创新。他在军事上赢得了伟大的胜利，巩固了雅典帝国主义地位（公元前 465 年的欧瑞米德之战和自公元前 478 年以来他对提洛同盟的成功领导），而且他多次表现出高超娴熟的政治技巧（例如在塞斯托斯和拜占庭的盟友之间划分战利品）。一方面，通过有力的行动和巧妙的劝说，他成功地使雅典主导的同盟队伍紧密无间，避免了公元前 469 年的纳克索斯或公元前 465 年萨索斯的叛离。另一方面，他成功地使波斯人不敢近前，而且在欧瑞米德之战后，他取得了著名的卡利亚斯之和，为波斯帝国的影响力设定了边界。他的一生随着雅典人对塞浦路斯和埃及的远征而结束，这次远征以失败告终，他大约死于西堤永（Cition）。到他去世时，他几乎已经成了传奇。

在这种情况下，雅典民主制度是整个希腊政治全景中唯一建立了代议制和确保所有社会阶层和谐参与政府的政权。著名的伯里克利正是遵循了埃菲亚尔特的政治倾向，加强了多数人的决策权。他的政治影响力贯穿整整一代，对于民主在雅典取得成功至关重要。他通过立法手段，实现了更大范围的社会参与和所有公民的平等，同时引入了某些机制来“普及”政治政策，使公民积极参与。事实上，他的改革考虑到了社会地位最低微者，使所有公民实现平等，巩固了公民大会所有政治决策中的多数投票原则。

伯里克利还设立了一种薪酬机制（misthophoria），目的在于消除贵族在政治领域的排他性，使普通雅典公民可以履行公共职能，而不必依赖或受迫于富人。那些因担任公职或因在议会中投票而不得不放下日常工作的人，可以通过这一机制获得经济补偿。通过这种方式，他不仅让民众阶层参与到颁布法律等国内政治工作中，还使他们能够参与到对外政策的制定以及监督法官和国家机构当中，并参与司法管理。然而，应该注意的是，这一机制后来被用于党派斗争和煽动群众。此外，伯里克利被认为收紧了雅典公民权的门槛，因为在公元前 451 年，他颁布了一项法律，规定只有父亲和母亲都是雅典人者方可享有公民权。

伯里克利无疑是雅典民主政权中最有影响力的战略家。修昔底德在他的作品中几乎将伯里克利封神：“在和平时期，在伯里克利执掌城市的时间里，他执政节制温和，深谙安全守望城市之道……在他的时代，这座城市是最伟大的……凭着他的权威、智慧和毫无争议的正直廉洁，人民的自由得到了尊重，并同时遏制了自由泛滥。

“他非但没有让自己被民众牵着鼻子走，反而领导指引了民众；因为他从未通过非法手段攫取权力，他也并不需要别人对他过度阿谀，他懂得如何提醒人民可能因此产生的危险，但他更懂得在人民灰心丧气时给他们带来信心。因此，在民主的名义下，权力实际上掌握在这位第一公民的手中。”（《伯罗奔尼撒战争史》第二卷，37—41）

在修昔底德记述流传至今的伯里克利演讲中，雅典人对他们的政府模式的自豪溢于言表。在《葬礼演说》中，引用了这位雅典领导人的话：“我们的准则是尊重自由，无论是在公共事务还是在日常竞争中；我们不对邻居发火……总而言之，我想说，我们的城市作为一个整体来考虑，它就是全希腊的一所学校，而且考虑到单一的个人，我们城市的同一个人知道如何应对所有的情况，而且能够极其优雅和灵活地适应情况……不需要荷马来为我们高唱赞歌……我们凭着一身孤勇，征服了所有的海洋和土地，在四处留下了夺取胜利和痛遭失败的不朽记忆。”（《伯罗奔尼撒战争史》第二卷，37—41）

伯里克利体现了雅典民主的矛盾性，这一点无人能及。作为阿尔克梅尼德贵族家庭的一员，他的权力建立在非凡的民众威望上，他的威望来自他领导的民主改革，

萨索斯大理石　这是卢多维西王座的一面，王座由萨索斯大理石制成（现藏于罗马阿尔腾普斯宫国家博物馆）。萨索斯岛因其大理石质量优良而闻名遐迩，而雅典从未停止过对萨索斯的控制。

以及他巨大的个人魅力和作为演说家的天赋。毫无疑问，雅典因其辉煌的民主制度成为希腊的政治、文化和经济中心，但也不应忘记这个严酷剥削其伙伴和盟友机制的阴暗面。

民主问题

在雅典基于平等权利（isonomy）和平等言论（isegory）的民主制度，人民通过公民大会（Ekklesia）、议事会（Boulè）和法院或人民法院行使其主权。然而在这个走向民主历史阶段背后的意识形态是古代雅典社会不断演变的结果，并没有系统地出现在任何理论论著中。正是在古代雅典的诡辩术中，民主找到了建立其意识形态和理论的基础。在柏拉图对话中，诡辩家普罗塔戈拉讲述了政治艺术（politiké techne）诞生的神话，即在城邦中允许人们相处融洽。

普罗塔戈拉的著名神话讲述了宙斯在创世之后，发现人们建立了城市，试图聚集在一起，但“人们由于不具备政治艺术，无法公正地对待彼此，又再度分散，互相毁灭”，整日冲突不断。因此，宙斯决定赋予人类两个基本美德，使他们能够实现政治共处，使人类能够相处融洽，这两大美德就是正义（dikè）和尊重（aidos）。正如我们在普罗塔戈拉的这个例子中所看到的，诡辩学在民主理想的酝酿和解决争端的契约思想中具有根基的作用。比起严格意义上的学派，诡辩学能够围绕科学、政治和修辞的教学创造一种智力上的影响，通过一定的相对主义思想和对传统道德的批判精神来理性地认知全部现实。诡辩家的修辞技巧活跃了雅典的公共生活，其影响下至学校、上至公民议会和法庭。

哲学家柏拉图表现出对诡辩家的排斥和对希腊民主的相对主义倾向的反对。他试图为政治理论提供哲学基础。西方哲学之父是希腊人最伟大的社会政治成就的诋毁者，这似乎很矛盾，这也是他经常被卡尔·波普尔等思想家称为反动派的原因。

柏拉图提出的改革是一个与雅典民主所处的历史状态完全对立的乌托邦，当时的雅典民主矛盾重重、蛊惑人心的情况大行其道，不公正的现象处处可见，已经颓势毕现。柏拉图提出的改革是一项基于哲学和伦理学定理的改革，驳斥了机会主义和流于表面的肤浅思想，建立在正义和美德的思想精髓之上。柏拉图生于公元前

427 年，雅典独裁者判处他的老师苏格拉底死刑时（公元前 399 年）他还很年轻，他试图将其政治思想变为现实，这些政治思想都体现在他披肝沥胆书写了几十年的著作之中。在柏拉图看来，只有在正确的哲学或精心梳理的理论基础上，才能思考什么是政治正确。

事实上，他对伦理和政治问题的关注不亚于对哲学理论的关注。在柏拉图看来，解决冲突应该基于深刻的伦理理论，因为在所有古代思想中，哲学是没有类别之分的。希腊思想中的伦理与政治之间的关系是理解其如何努力解决社会冲突的根本——例如，可以从政治团体应使公民幸福的思想中看到这一点。这种认知在柏拉图的作品中非常普遍，后来亚里士多德也沿袭了这种观念。

但现在让我们快速了解一下柏拉图究竟是如何从理论上反对民主意识形态的。在《普罗塔戈拉》和《高尔吉亚》中，柏拉图思考是否有一种能够习得的政治科学，这种科学是否会实现真理和正义，而民主雅典并没有产生真理和正义，他在书中回顾了雅典民主的历史沿革，之后讨论了最重要的权利。在此之后，他提出一种主张，认为应该进行社会改革，使城市各部分之间实现平衡。民间冲突（停滞）在他看来是一种社会顽疾，哲学对城邦、宇宙和灵魂的秩序进行诊断，从而明确吸取教训，给人以启迪。只有懂得个人和集体真理的人，才有能力治理人类社会；因此，理政的工作应该交给哲学家。

在《理想国》中，柏拉图精巧地阐述了这一政治和社会理论，正如其希腊文标题所示（Politeia），他扩展了关于理想制度之辩。通过苏格拉底，柏拉图触及了伦理学和政治学的基本问题，其中首要的便是正义问题，他认为正义应该指导个人和集体行动。在分析了所有政治制度（金权政治、寡头政治、民主政治和僭主政治）的缺陷及其暴行之后，柏拉图提出了一种认知理论和与之相适应的教育，并得出结论，他认为社会的最佳构成是三方制度，对应于人类灵魂的结构。政治规范应该在人类灵魂中创造和谐和尺度的思想，是《理想国》的一大理论支柱。柏拉图在这里提出了著名的智者政府理论和社会阶层的三分法，他将社会阶层分为生产者阶层、战士阶层和开明的统治者阶层，以此明确地呼应了演说家伊索克拉底的埃及理论。

柏拉图主张对人类灵魂的诊断、对个人的理解和对知识的追求必须是第一位的。

雅典：宗教和政治中心

雅典卫城上的雅典娜-尼凯神庙。在米堤亚战争之后，雅典成为爱琴海的强大国家，试图通过各种手段扩大其霸权地位。

紧随其后的是对社会的诊断和执政哲学家的干预。然而，柏拉图的思想并不重视民主平等主义或社会契约的形式，而是重视等级制度或组织化的结构，以在宏观和微观上顺应宇宙的自然形式。他认为必须按照灵魂和宇宙的和谐对社会阶层进行划分，而灵魂的三大构成元素为智慧（noûs）、性格（thymos）和欲望（epithymiai），因此社会阶层应分为哲学家—管理者、守护者—战士和工人—生产者三个阶层。每个社会阶层都对应着一种具有功能的美德，分别是智慧（phronesis）、勇敢（andreia）和节制（sophrosunè），且这三种美德对应于柏拉图神话中的金、银和铜。执政哲学家必须是明智的调解人，应秉持善

和正义的理念，维持社会平衡，所谓社会平衡是指根据每一方的德行和功能分配任务。正如在自然界中一样，如果没有和谐，而是某一种单一的元素占主导地位，那么疾病、不和以及冲突就会威胁灵魂和城市。

最后，在《政治哲学》和《法律篇》中，柏拉图阐述了关于执政所需要的素质和谁可以做得更好的理论。法律填补了真正的政治家的空白，为社会运作提供了一个临时的解决方案，以避免社会受到环伺城市的蛊惑和僭主政治的暴行。这就是他在最后一部著作《法律篇》向我们传递的思想，这部著作完成时，柏拉图已年近70岁。这段对话是唯一一段不以苏格拉底为主角的对话，

宙斯：共同生活守护者

公元前525年左右制成的阿提卡双耳瓶，饰有与宙斯有关的场景（现藏于牛津大学阿什莫林博物馆）。根据神话传说，宙斯是希腊的神，他赋予人在社会中生活所需的美德。

他提出了关于治理艺术的新逻辑，对话人是三位老人，分别是雅典人、斯巴达人和克里特人。鉴于城市的现状以及伦理和哲学知识的传播，只有法律（nomos）才能保证政府的稳定。即使是教育，作为知识和提升灵魂的手段，也受到极其精确的准则约束。根据柏拉图的说法，法律将人类从混乱中拯救出来，既能避免强者粗暴滥用，也能避免民主步入歧途。人们接受政治规范，用它来维护和谐的思想是《法律篇》的重点之一。法律帝国最终似乎是真正的调解力量，为了确保法律得到实施，柏拉图提出了各种机构，让人联想到希腊的某种宗教古板主义：从高龄公民委员会到祭司团体，从宪政发生危险或宗教存在不虔诚的情况时的“夜间议会”到经常诉诸宗教法来解决冲突。

无论如何，这是一个现实和历史参半的折中方案，一个显得严厉和古板的模式，但矛盾的是，在这种方案中可以找到古代所有政治思想的机制。柏拉图最终提出了法律的绝对帝国，成为现代民主社会法律条例的启示。在伯里克利执政后，诡辩术和雅典民主泛滥立即开始撼动永远标志着古典时代令人难忘的政治制度的所有支柱，而柏拉图的解决方案是解决诡辩术和雅典民主泛滥带来的问题。

走向民主危机

“我必须说，首先，在这里，穷人和人民应该比贵族和富人拥有更大优势……他们通过抽签或举手表决的方式平等地担任公共职务，而且公民能够随时在公民大会中发言……这似乎合乎义理。而有些人对能力较弱的人、穷人和人民的支持者比贵族拥有更多的权利而惊诧不已。”正如《雅典人的宪法》（一本被误认为是历史学家色诺芬所著的反民主小册子）所说，雅典的政治制度特征在于每位公民都有权参加公民大会，公民大会是最高的政治决策机构，也是人民行使主权（dèmos）的方式。然而，这个系统存在巨大的悖论，引来许多诋毁。

早在城邦诞生的时候，对多数人集体执政的制度就已经存在诸多争议。以弗所的赫拉克利特表达了他对人民的不满：“以弗所人中，长者死去，孩子们失去祖国是罪有应得，因为他们曾经将他们之中最优秀的赫莫多拉斯驱逐，还说：‘我们之中不得有人更好，如果有，就让他去别处生活。’”（片段）下面摘录的内容就更

走向法律帝国：古典希腊立法

在公民是国家机关赖以生存的基石的时代，法律是城邦生存的根本。古典希腊的两大权力中心，即斯巴达和雅典，都拥有从两位伟大的立法者莱格古士和梭伦那里继承下来的法理结构。这一结构将作为两者治理体系的基础。

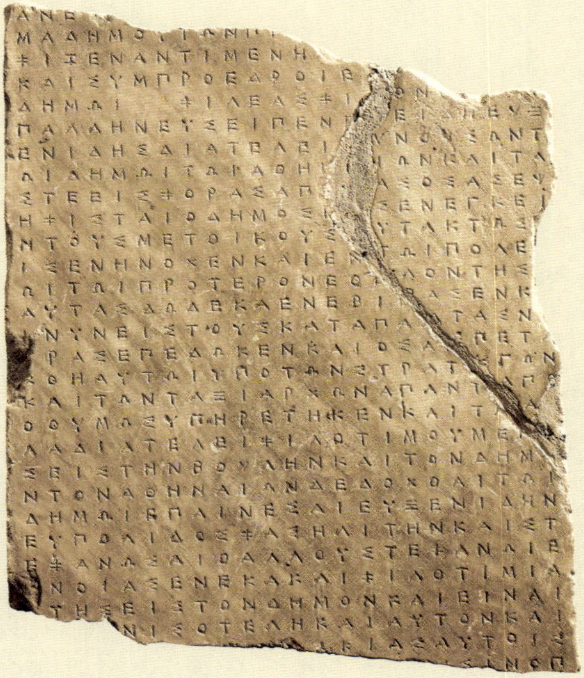

传说中的莱格古士给斯巴达留下了一部宪法和一套法理结构，在此范围内平等主义的公民大会（Apella）应将其提案提交给长老会（Gerousia）批准。在雅典，索伦的平等主义立法改革在民主制度运作得如火如荼之际得到了发展。在公元前5世纪，每名雅典公民都有机会提出一项法律，经过民主程序可获得批准。此后，整个城邦都会无一例外地遵守法律和法令，这让波斯人感到惊诧不已，因为他们只能服从一个绝对的权威。雅典宪法规定的权力平衡允许建立民主法律体系，尽管代价不菲，但它是当时完善的制度之一。因此这种制度才扩散到其他城邦，并在一定程度上取得了成果，这种情况让传统的寡头们也颇为担忧。

插图　公元前306年至公元前305年的阿提卡法令的碎片（现藏于雅典书信博物馆）。

清楚地表明了他极度不信任那些信奉多数人统治原则并推崇杰出个人的群体，他写道，“法律也意味着服从个体意志”以及“他们中的一个人，若是最杰出的，那么他一个人顶得上无数人”。这些评论的共同点就是贵族态度，与大多数人的政府相反，决定这位著名哲学家主张的正是这种贵族态度。然而，赫拉克利特并没有提出君主制解决方案。他的观点体现在城邦的法律中。因此，他宣称“人民应该为法律而战斗，就像为了城墙而战斗一样”。这句格言证明了希腊思想家对待“政治”（即与城邦有关）的思考是多么热情。

在这种情况下，城邦作为一种价值尺度，是调节个人与集体、少数人的权力与多数人的主权之间关系的焦点。早期的希腊文本已经为我们提供了关于这些关键问题的观点。米蒂利尼的阿尔塞斯、梅加拉的西奥尼斯或雅典的梭伦等诗人参与到各自城市的公共事务中，因为他们相信自己能够说服同胞。在文学作品中，这些协调一致的言论强调了城市的政府及其管理部门与广大民众之间存在着密切的联系。

雅典民主制度的运作在很大程度上取决于由个人利益驱动的，被问题行为、争斗、侮辱或腐败所困扰的议会。这个体制常常显得笨拙，由于缺乏快速处理新问题的专业性而并不高效。政治行动与其说相当缓慢且官僚作风严重，不如说经常遇到不寻常的阻碍。正如色诺芬的著作所言：“有时一件事无法处理……是因为提出的问题太多，不把这些问题讨论好，事情就无法解决。”

“他们必须比世界上其他地方管理者审理更多的民事案件，处理更多的公共利益事项以及查看更多的账目，另外，议事会必须解决这么多与战争、征税、立法有关的问题，处理这么多与日常管理或盟友有关的事项。此外，还必须收取贡品，照顾海军船坞和寺庙。雅典人被如此之多的事务压得喘不过气来，无法满足所有的要求，这又有什么值得大惊小怪的呢？然而，也有人声称，如果手握金钱来到公民大会或人民面前，所有的要求一定都会得到满足。”（《雅典共和国》）在埃斯基涅斯驳斥狄摩西尼的演讲中，对腐败的指控也俯拾即是，狄摩西尼被指控贿赂公民大会成员，以为他投票为条件，让成员制造动乱。一位名叫德莫菲勒斯的人甚至提出了一项《反腐法》。这项草案是否得到通过我们不得而知，但时至今日，在现在的民主国家，这个问题仍然列在议事日程中。

雅典制度鼓励公民参与政治，其程度是其他古代国家无法比拟的，如今雅典被广泛认为是现代民主制度的摇篮。然而，公民大会做出的决定往往凸显了个人利益和共同利益之间脆弱的平衡。立法程序问题随处可见，大多数立法程序并不总是来自普遍的意愿，而是取决于各种带有偏袒或煽动性的影响。例如，希罗多德曾举例，提到米利都的阿里斯塔戈拉在公元前 499 年对雅典和斯巴达的吁请。斯巴达拒绝了他的要求，但雅典的人民热情地支持他，根本没有考虑可能造成怎样的不良后果。人民的选择激起了爱奥尼亚起义，并最终导致了米堤亚战争："米利都的阿里斯塔戈拉被克里奥门尼斯从斯巴达放逐到雅典，因为那个城市在希腊是最强大的城市。在人们面前，阿里斯塔戈拉重复了他在斯巴达已经说过

可怕的党争

对同一城邦公民之间的冲突，即内战，以及对避免发生内战可以采取的措施进行反思，是雅典最杰出的思想家在诸多著作中讨论的核心。

插图 两个战斗中的重装步兵，公元前 5 世纪的阿提卡陶器（现藏于那不勒斯考古博物馆）。

伯里克利：雅典第一公民

公元前495年，伯里克利出生于雅典的一个贵族家庭，与阿纳克萨戈拉等哲学家和普罗塔戈拉等伟大的演说家一起接受了良好的教育。他是雅典富有的人之一，客蒙遭到排斥被放逐是他登上政治舞台的标志，埃菲亚尔特为此做出了贡献。伯里克利自此声名鹊起，他通过继续推行埃菲亚尔特的民众主义政策，成为埃菲亚尔特身后雅典的铁腕人物。伯里克利批准了新的法律，收紧了对获得雅典公民身份的限制，但也促进了下层阶级参与公共事务。他的对外政策巩固了雅典对其盟友的霸权，从长远来看，导致了与斯巴达爆发的最终冲突。作为一名优秀的战略家，伯里克利在伯罗奔尼撒战争前的各种战役中机动灵活、极其巧妙地指挥了雅典军队。他的政策后来被认为是良治的典范。

斯特朗福德盾牌 雅典娜—帕提诺斯盾牌的罗马复制品。有人认为其中所展示的人物就包括伯里克利（现藏于伦敦大英博物馆）。

据说，伯里克利头大过人，而且十分狭长，人们嘲笑他，给他取了外号叫“梨头”。普鲁塔克记述称，由于伯里克利的头型特殊，人们习惯于在绘制画像时让他戴上头盔，这也是他作为战略家拥有权威的象征。

著名的伯里克利半身像，人们把雅典城最辉煌的时期归功于这位战略家，这座半身像是公元前2世纪的罗马复制品，是根据公元前5世纪的希腊原作制作的（现藏于伦敦大英博物馆）。

城市建设和文化计划

伯里克利甫一执政就实施了一项公共工程计划，这项计划刺激了城市的经济发展，同时也美化了城市，实现了宣传和帝国扩张的目标。自古以来，根据伊索克拉底和普鲁塔克的记叙，这些伟大的工程被认为是伯里克利政府引人注目的成就之一。该计划在卡利亚斯和平之后开始实施，即从公元前450年开始，由伯里克利这位战略家的朋友、雕塑家菲迪亚斯提供艺术指导。为雅典强大的民主制度及其帝国愿景而建立的帕提侬神庙是这方面的最佳代表：除了宗教意义之外，它还向世人证明了这座城市拥有巨大的财富。正如普鲁塔克所描述的那样，伯里克利音乐堂是具有特殊音响效果和传奇色彩的剧院，它也是音乐和舞蹈表演的场所，同时也是公民举办会议和演说家进行演说的场所。伯里克利不仅是造型艺术发展的推动者，也是音乐、诗歌和修辞发展的推动者，在这些方面伯里克利起到了决定性的作用。

① **音乐堂** 这座建筑建于公元前435年，位于雅典卫城的南坡，靠近狄俄尼索斯剧院。

② **窗户** 这座四角形的建筑配备了特殊的窗户系统，能够尽可能获得良好的光照。

③ **结构** 建筑内部有一条雄伟的柱廊，用战胜波斯人的战利品来装饰。

希腊艺术家参与到政治和军事生活之中

由于公民是政治生活的核心，像米蒂利尼的阿尔卡莱欧或梭伦这样的艺术家也是政治家，这并不令人感到稀奇。埃斯库罗斯、索福克勒斯或阿里斯托芬也对他们城市的未来做出了贡献。

虽然很难获得这种性质的传记细节，但我们知道，例如埃斯库罗斯参加了马拉松和萨拉米斯的战役，而且他还在埃卢西斯担任宗教职务。人们承认，索福克勒斯是控制雅典议会的十贤哲之一，但他与修昔底德一样也是一位军事战略家。而关于阿里斯托芬，尽管他在生前可能还担任过其他政治职务，但我们必须确认他曾经是一名宗教人士。

插图 琴师，公元前470年左右制作的阿提卡陶器（巴塞尔赫伯特·A.卡恩收藏）。

的亚洲的富饶和进攻波斯人的方法，同时强调由于波斯人既不使用长矛也不使用盾牌，他们很容易成为猎物。而且，考虑到他的请求具有重大意义，他为了说服公民大会无所不用其极。因此，欺骗许多人似乎比欺骗一个人更容易，因为我们知道阿里斯塔戈拉无法欺骗斯巴达人克里奥门尼斯，但却能说服三万名雅典人。”（《历史》第五卷，97）

公民大会常做出可怕的决定，这些决定有时过于仓促，有时不可逆转。修昔底德讲述了在公元前427年伯罗奔尼撒战争期间，最激进的派别说服人民消灭了所有反抗雅典政权的米提林居民，情况就是如此。“第二天，”修昔底德写道，“他们有人再度思考，认为这个决定十

分残忍，无论是罪魁祸首还是清白无辜的人，都不分青红皂白被统统处死，实在太可怕了。”（《伯罗奔尼撒战争史》第六卷，36）

古典作家的这些记述以及其他的记录显露出“公民大会主义”制度的缺陷；有些人把它归咎于当时克利昂等煽动者劝说雅典人民做出最不恰当的决定，最终将雅典引向灾难，导致雅典最终在战争中遭到摧毁。

事实上，克利昂的例子是一种征兆，即民主制度存在某些缺陷，一个不择手段的人可以利用民主制度为自己牟利。克利昂是一名技巧娴熟的演说家，在对手伯里克利死后，因为缺少能与其抗衡者来驳斥他，并提醒公民们注意煽动者的私人利益，克利昂几乎不费吹灰之力

诸神的集会

奥林匹斯山的众神聚集在宙斯身边，公元前6世纪的阿提卡陶瓷（现藏于罗马梵蒂冈博物馆）。希腊人常使用传统和神话来解决他们的冲突。

米堤亚战争之后

这只制作于公元前5世纪中期的阿提卡双耳瓶（现藏于巴黎卢浮宫博物馆）的装饰图案是一名重装步兵与一名波斯士兵在战斗。战胜波斯人并没有结束希腊各城邦之间的敌对状态。

就说服了公民大会做出战争的决定。

如果回顾雅典整个著名的公元前5世纪的政治和宪法发展，首先就会注意到，民主制度的力量和稳定是凭借军事上的胜利过早地培养起来的。阿提卡城战胜伊萨格拉斯以及斯巴达的克里奥门尼斯（公元前508年）、大流士（公元前490年）、薛西斯（公元前480年至公元前479年）的战斗以及爱琴海壮观的海上繁荣（公元前477年至公元前445年），都标志着公元前6世纪末出现的民主在不断加强其根基和功能的同时，很好地适应了公元前5世纪前所未有的新形势。

凭借一连串的军事和政治成就，雅典领导人成功地

巩固了这座最初以人民集体主权为基石的皇皇大厦。特别是，雅典领导人利用提洛同盟，将雅典转变为一个霸权国家。这表明当时雅典的政治稳定与它的军事力量大有关系。因此，伯罗奔尼撒战争（公元前 404 年）结束时惨痛的失败导致了民主制度迅速崩塌，这并不令人惊讶。正是从这个转折点开始，希腊历史上最著名的政府模式开始经历痛苦。尽管民主制度没有立即从雅典的政治地图上消失，但它再也未能恢复到之前的活力，也再没能恢复其凝聚人心和吸引众人的能力。

阿提卡面对伯罗奔尼撒

矗立在伯罗奔尼撒半岛圣殿的奥林匹亚的宙斯神庙的石像。尽管雅典和斯巴达有很多共同点，比如奥林匹克运动会所代表的泛希腊节庆活动，这两个公元前 5 世纪希腊的强大势力很快就在战场上刀枪相见，以此来解决彼此之间的分歧。

档案：古典希腊女性

希腊女性的地位仍然从属于男性，但女性也能够为政治团体服务，对社会具有重要意义。

古典希腊女性的主要任务是生育和通过子孙后代延续整个团体。女性的主要作用是持家，即古代城市的基本社会经济单位——家庭（oikos）。为此，女孩需学习必要的实用知识，还要习得使她们能够与古典希腊女性这一名头相称的“女德”。希腊女性的地位仍然从属于男性，但女性也

赫塔拉

这些女性是独立的女性，她们管理自己的财产，缴纳税款，有时还能发挥强大的公共影响力。

插图 公元前340年左右制作的双耳爵的细节（现藏于那不勒斯国家博物馆）。

允许的活动

雅典女性一旦结婚就要负责照顾家庭，到市场购物、去剧院看表演和节日庆典时出现在公共场合，但是她们在政治领域的参与仅限于宗教庆祝活动。

插图 公元前4世纪的一幅绘画，表现了完全由女性表演的葬礼舞蹈（现藏于那不勒斯国家博物馆）。

能为政治团体服务，对社会具有重要意义，并获得同胞们的尊重。古时候，城市的诞生与以家庭为单位划分土地和农业劳动分工相关，每个家庭都拥有一块可耕种的土地[份地（klèros）]。通过婚姻传承土地对社会凝聚力而言至关重要。女性，除了生殖功能之外，还负责家庭的正常运作。

女孩的教育是在家庭内部进行的，因为在雅典没有女孩可以就读的学校。一位好母亲必须具备文学、数学、宗教和传统道德方面的知识（荷马是所有希腊人的学校）。然而，“高级”文化通常禁止女孩学习，就和女孩不能加入男性的宴会一样——在这些宴会上，人们沉浸在谈话、哲学和诗词朗诵中。

在公共领域，古代资料中关于女性在希腊社会中作用的相关信息寥寥无几，这往往导致人们低估了女性的重要性。虽然城邦并不需要女性来处理政治事务或参加公共集会，但她们在城市的宗教生活中发挥了关键作用。宗教、社会和政治是密不可分的，女性担任祭司，或女性出现在某些节日（泛雅典娜节、安特斯特里节、加梅莉亚节等）的祭祀和仪式中，可以被视为女性在公共领域发挥重要作用的一个证明。

斯巴达女性

希腊女性状况千差万别，自古以来，享有自由的斯巴达女性与处于从属地位的雅典女性形成了鲜明的对比。斯巴达的寡头政治赋予女性更大的自主权，这不只体现在城市的法律中，也体现在女性也可以继承、拥有财产或从事商业活动上。斯巴达女性在文学、音乐和体育方面接受与男性类似的教育。她们在女性团体中由年长的女性教育指导。女性穿着的帔络袍也与男性的着装相似。年轻女性接受大量体能训练，为她们的主要社会功能做好准备——为斯巴达军队生育强壮的孩子。

和男性一样，斯巴达的女性也必须履行结婚和生育的法律义务。为了让女性从家务劳动的义务中解脱出来，全身心地投入子女的教育中去，斯巴达向女性提供奴隶供其驱使。与其他希腊城市一样，妇女的主要任务是生育和抚养孩子到 7 岁，此后由国家负责孩子的教育。虽然女性不能参与公共事务，但她们对社会具有决定性的影响，并享有某种超然的地位。莱格古士的法律规定女性应进行跑步、摔跤、投掷铁饼和射箭方面的训练。普鲁塔克说，当一个外国女性问列奥尼达斯的妻子戈尔戈，为什么在希腊女性中只有斯巴达女性能指挥男性时，她回答道："因为只有我们生出了真正的男人。"（《列奥尼达斯的生活》）

亚里士多德对斯巴达女性持批评态度，认为她们享有了过多的自由，而且还能积累财产和土地。普鲁塔克认为，斯巴达人从某些方面来说都是他们妻子的奴隶。斯巴达女性享有过度自由的主题也出现在柏拉图的《法律篇》中。另外，色诺芬指出，在斯巴达，奴隶负责做家务，这样妇女就可以全身心地投入体育活动中，为她们生育健康的孩子做好准备。

继承和财产

雅典和斯巴达的另一个重要区别在于继承权。如果父亲没有儿子，那么女性继承人（阿提克法中的 epíkleros，斯巴达法中的 patrouchos）可以获得父亲的全部

妇女和文化 许多艺术因萨福和科琳娜等女性的贡献而变得更加丰富多彩。

插图 献给缪斯女神的阿提卡双耳爵（现藏于罗马梵蒂冈博物馆）。

遗产。在雅典，这些女性必须与父亲一方最亲近的亲戚结婚并生下一个儿子，这个儿子才是他祖父的真正继承人。如果女继承人已经结婚但没有孩子，她的婚姻就会失效，其后必须嫁给父系的近亲。由于雅典的女性无法拥有任何财产，因此只是继承财富的工具，是财产在家庭（genos）中得以传承的手段。如果土地（kleros）的所有者死亡，并且只剩下一个女儿，父亲的近亲（anchisteus）可以告知政府，要求获得土地以及与这位女继承人结婚的权利。执政官将对此做出裁定，如果同意请求，那么这位近亲就将作为年轻女子的监护人执行婚约。

这种制度（epiclérat）存在于雅典和许多其他希腊城市，其目的是使财产只在家庭内部传承，同时确保没有父亲或兄弟的女性可以通过再嫁获得社会地位。斯巴达的情况则非常不同。如果女性不愿意与父系的近亲结婚，或者其尚未成年，她有权保留属于自己的财产，与部落的其他成员结婚。因此，在斯巴达，女继承人成为财产的真正所有者。女孩常会嫁给一个拥有土地的人，一次积累大量的土地资产。而在嫁妆方面，有些研究表明，斯巴达并没有陪嫁财产一说。女性很可能有权获得父亲的部分土地财产。

相比之下，在雅典，有兄弟的年轻女子无权获得父亲的任何遗产，只能以嫁妆（phernē）的形式获得一笔钱——一整套财产，婚后这笔财产将由其丈夫看管。然而，在离婚时，这些嫁妆仍然属于女性。有人认为，在斯巴达，财产是在儿子和女儿之间分配的。然而，在多利安世界，女性享有比其他希腊地区更优越的自由和法律地位。

以阿斯帕西娅为例

人们常说，女性在历史上，只是置身男性主导的战斗和政治大舞台背后的影子。然而，在某些情况下，影子也会被装饰上不易觉察的细微差别，让人看到一个具有强大人格的女性是如何在历史事件上产生决定性影响的。在这方面，阿斯帕西娅就是最广为人知的例子。不过，除了一些希腊作家汇编的逸事外，我们对她知之甚少。

阿斯帕西娅来自爱奥尼亚城市米利都，尽管她可能出身于流亡的雅典家庭，一般认为她生活在公元前5世纪60年代至公元前5世纪末。很可能她和家人很快搬至雅典，在那里她因美貌而名动四方。传说中，阿斯帕西娅是作为雅典知识分子和政治家经常光顾的妓院的老板而声名鹊起。赫塔拉这一职业与我们今天所理解的妓女大相径庭。这些有吸引力的女性为富裕阶层提供的陪伴服务是智力娱乐和艺术讨论的代名词。说回阿斯帕西娅，我们不要忘记，她也是一个外国人，因此在雅典法律中具有特殊地位。这位优雅的外国赫塔拉因其与掌权者伯里克利的长期关系而迅速进入公众视野。也许这就是所有恶意中伤她的谣言之源。

根据研究，那些轻蔑地描述她经营妓院的古代资料被证明是毫无根据的诽谤，目的就是使伯里克利这位政治家在众人的记忆中私德有亏。伯里克利和阿斯帕西娅

例外情况

尽管在古典希腊，女性公开露面的机会有限，但值得注意的是，还是有一些杰出的女性人物丰富了希腊的科学、文化和政治图景。例如萨福，她是希腊抒情诗的主要代表人物之一。值得一提的还有公元前5世纪的女诗人科琳娜，以及希腊化时期的哲学家希帕奇亚。在古典雅典时期，政治、哲学和艺术经常受到某些女性的影响，她们在当时的文化环境中发出璀璨的星光。米利都的阿斯帕西娅尤其突出：她是伯里克利的伴侣，当时希腊城市正处于公元前5世纪的黄金时代。她的弟子宫女拉伊丝，是阿尔西比阿德和阿里斯蒂普斯的伴侣，这两人都是苏格拉底的弟子。另一位具有传奇色彩的著名赫塔拉是帕克西特勒斯的模特芙里尼，帕克西特勒斯爱上了她。侍女和雕塑家之间的关系引起了著名的弗里尼安审判，帕克西特勒斯被指控亵渎宗教，因为他以这位赫塔拉为原型，雕塑了女神阿芙洛狄忒。

插图 被认为是阿斯帕西娅的女性半身像（现藏于罗马梵蒂冈博物馆）。

的关系一般认为始于公元前445年左右。两人相识时，伯里克利已经结婚，并育有两个儿子：赞西比和帕拉罗斯。据说离婚后，伯里克利搬去与阿斯帕西娅同住，把她当作自己的情妇或合法的妻子。阿斯帕西娅在公元前445年至公元前440年为他生下第三个儿子伯里克利（即小伯里克利，小伯里克利后来成为一名战略家，在阿吉努斯战役后被处决）。普鲁塔克在其著作《伯里克利的生活》中提到，这位雅典战略家之所以爱上阿斯帕西娅，更多的是为她过人的智慧所折服，而不是因她的美貌。

在阿斯帕西娅的宅邸，包括苏格拉底在内的著名哲学家、艺术家、诗人和医生会聚一堂，享受与她辩论的乐趣。一些与会者甚至带着妻子一起去听阿斯帕西娅的演讲。这个细节值得注意，因为根据同样的证词，她的住处对于已婚妇女而言并不是最体面的。事实上，很难确定阿斯帕西娅经营的是什么类型的机构：学院、社交沙龙还是妓院？无论如何，正如普鲁塔克所说："这个女人成功地使哲学家们对她产生了相当大的好感。"而且，希腊哲学史上确实有许多关于阿斯帕西娅的非凡记载，特别是在苏格拉底的弟子柏拉图和色诺芬的作品中。

阿斯帕西娅不仅是知识界的关键人物，而且还作为影响她所处时代政治的女性而被载入史册。完全有理由相信，在她的家里，除了哲学、艺术和诱惑之外，人们也讨论过政治问题。那是雅典和斯巴达之间爆发伯罗奔尼撒战争前的动荡年代，作为大国将军的身边人，她意外地发现自己能够在国际政治舞台上发挥举足轻重的作用。虽然，这个结论源自传统上想要诋毁阿斯帕西娅是红颜祸水的本意。

事实上，正如历史学家修昔底德所说，公元前440年，米利都与萨摩斯岛发生了战争，米利都向雅典求助。雅典在伯里克利的要求下试图干预冲突，但萨摩斯拒绝了雅典，因为这个原因伯里克利成功地通过法律，批准了雅典出兵征讨这座爱琴海岛屿。对此，普鲁塔克还记载了一则传闻逸事，伯里克利派遣远征军是为了讨他的阿斯帕西娅欢心，要知道她是一个米利都人。

伯里克利和阿斯帕西娅只得在法庭上为自己辩护，他们的政敌在战争爆发前不久针对两人提出了多项指控。指控的内容种类繁多，包括腐败、堕落和亵渎宗教。

婚姻和嫁妆

在雅典，女性达到最高地位的时刻就是合法结婚（egguè）。通过合法化的仪式，她对父亲家庭的依赖转换为对丈夫家庭的依赖，通过一纸婚约，女性和嫁妆一起被交给了丈夫，这笔嫁妆能使她生育子女，并履行法律规定由她负责的各项义务。婚姻完全不是浪漫或爱情的结果，而是新娘的父亲和丈夫之间的一场法律交易，由父亲提供嫁妆。在希腊法律和其他仪式中，这种从一个家庭到另一个家庭的变动是非常庄严的。女孩一般一到青春期就会结婚；男性结婚的时间比女性要晚，通常在20岁至30岁。嫁妆是由丈夫管理的一笔财产，在离婚时——无论是双方协议离婚还是丈夫休妻——丈夫都需归还嫁妆。离婚后，女性可能会被她的丈夫或父亲强迫嫁给另一个男人。实际上，雅典女性总是处于一个男人的法律监护之下，可能是她的父亲，也可能是她的丈夫。即使女性守寡，其故去丈夫的遗嘱也可以指定这名女性的新丈夫。监护人（kyrios）在法律上对女性有决定性作用，在所有法律事务中，监护人就是她在城市的代表人。

插图　公元前4世纪的希腊墓碑。抱着孩子的女人可能是个奴隶，而坐着的女人是她的女主人。

社会阶层

雅典妇女一般在女眷内室活动（房屋中分配给女性使用的部分，她们在那里织布、做饭、照顾和教育孩子）。这种做法在许多资料中都有记载，包括在演说家利西亚斯和历史学家色诺芬的作品中。赫塔拉（在希腊语中，hetaíra意为“伴侣”）是很重要的例外，这一称呼本身就意味着与男性在某种程度上拥有平等的地位，而这对普通的已婚妇女来说是不可想象的。外国人的妻子和奴隶构成了女性人口中另外两个重要的群体。前者肯定享有一定程度的自由，她们中的许多人拥有资源并接受教育，可以成为侍女或赫塔拉，从而获得比已婚妇女相对闲适的地位。但根据经济情况的不同，她们也可能在恶劣的条件下从事卖淫活动。奴隶则被完全剥夺了合法权利，是最弱势的群体。

插图 公元前5世纪希腊陶器中的女眷内室的场景（现藏于巴黎卢浮宫博物馆）。

这些发生在公元前 433 年至公元前 432 年的诉讼均未取得结果；但实际上也可以说造成了部分后果，那就是很大一部分雅典居民更加反感阿斯帕西娅。伯罗奔尼撒战争爆发时也许是伯里克利名声最差的时候，因为有些人把战争归咎于阿斯帕西娅。冲突爆发的原因之一是针对梅加拉的政令。梅加拉抛弃了与雅典的联盟，雅典因此颁布了一项法令，禁止所有亲雅典的港口与梅加拉进行贸易。梅加拉便向斯巴达寻求帮助，最终燃起了战争的火焰。但民间流传的逸事对此有着不同的解释：这就是喜剧作家阿里斯托芬所暗示的，他说“整个希腊因三个妓女的过错而变成一片火海”，他所说的妓女就是阿斯帕西娅和她“家里”的其他赫塔拉，据说她们被麦加里安人绑架了。

伯里克利死后，阿斯帕西娅改嫁给雅典政治家和军事家利塞克勒斯。利塞克勒斯于公元前 428 年战死后，我们再也难觅这个不寻常的女人的踪迹。我们不知道她究竟是何时消失的，可能与公元前 404 年雅典最终被斯巴达击败的时间相吻合，也可能在公元前 399 年她的朋友苏格拉底被处死之前。但有一点可以肯定：阿斯帕西娅从雅典政治舞台上消失的同时，雅典最辉煌的一个世纪也落幕了。随着雅典权力和荣耀的消亡，一个具有巨大政治和文化影响力的女性人格的面孔消失了。她的影响证明了古希腊的妇女可以发挥非凡的作用。

附　录

插图（左侧）　桑托尔对战拉皮特人，帕提侬神庙浮雕，制作于公元前447年至公元前432年（现藏于英国伦敦博物馆）。

公元前5世纪的希腊

亚得里亚海
爱奥尼亚海
地中海
伊利瑞亚
马其顿
伊庇鲁斯
色萨利
埃托利亚
阿卡纳尼亚
亚该亚
爱利斯
阿卡迪亚
麦西尼
西西里岛
里索斯
埃皮丹努斯
阿波罗尼亚
佩拉戈尼亚
亚该亚
阿克西奥斯
阿乌斯河
哈利亚克蒙
特里菲利
帕拉维
腓尼基
科西拉
科西拉
多多讷
阿塔马尼
特里卡
拉里萨
安布罗希亚
阿切卢斯
赫拉克里亚
莱夫卡达
莱夫卡达
斯塔托斯
瑟尔摩斯
瑙帕克特
洛克里达
埃斯佩利安
萨梅
凯帕列尼亚
佩特雷
法莱
埃里斯
奥林匹亚
赫拉亚
梅加洛比利斯
扎辛索斯
扎辛索斯
皮洛斯
塔兰托
梅塔蓬特
西里斯
西巴里斯
图里奥伊
泰里纳
克罗托内
梅德纳
希波尼翁
考洛尼亚
洛雷斯
赞可
利基翁
纳克索斯岛
卡他纳
列昂蒂诺伊
亥布拉
锡拉库萨
波西多尼亚
（帕埃斯图姆）
埃利亚
皮克苏斯
拉奥斯
雅典领土
提洛同盟成员
雅典盟友领土
斯巴达领土
斯巴达盟友领土
其他希腊领土
波斯帝国
主要城市
其他城市
圣殿

色雷斯
宗斯托斯
马罗尼亚
佩兰斯
拜占庭
迦克墩
阿斯塔科斯
普罗蓬蒂斯
普罗克内斯
西兹克
安菲波利斯
阿布德拉
阿伊诺斯
阿波罗尼亚
萨索斯
萨索斯
萨莫色雷斯
萨莫色雷斯
斯塔吉拉
克拉佐美纳伊
达达尼尔海峡
塞斯托斯
兰普萨克
卡里姆诺斯
阿比多斯
卡尔帕索斯
达达尼亚
托罗内
利姆诺斯
利姆诺斯
伊利昂（特洛伊）
芒岱
阿索斯
米西亚
爱琴海
莱斯博斯岛
艾西亚
米蒂利尼
帕加马
吕底亚
波斯帝国
皮塔尼
皮佩里
斯基罗斯岛
斯基罗斯岛
福西亚
赫莫斯
马涅艾西亚
弗里吉亚
埃维厄岛
希俄斯
士麦那
希俄斯
哈尔基斯
公元前454年，保存在提洛岛上的提洛同盟金库转移至雅典。
厄立特里亚
克拉佐美纳伊
埃雷特里亚
泰奥斯
科洛封
底比斯
莱斯博斯
梅安德尔
阿提卡
以弗所
雅典
普里埃内
萨摩斯
安德罗斯
安德罗斯
伊卡利亚
敏特
萨摩斯
卡里亚
米利都
埃伊纳
蒂洛斯
米科诺斯
塞奥斯
锡罗斯
提洛
基斯诺斯
哈利卡那索斯
派洛斯岛
纳克索斯岛
卡里姆诺斯
塞里波斯
派洛斯岛
纳克索斯岛
科斯
科斯
西普诺斯
阿莫尔戈斯
科尼德
梅洛斯
伊奥斯
尼西罗斯
罗德岛
阿斯蒂亚帕莱
蒂洛斯
罗德岛
梅洛斯
西拉
西拉
林多斯
卡尔帕索斯
干尼亚
克诺索斯
马里亚
西布里塔
克里特
帕奇亚莫斯
扎克罗斯
菲斯托斯

对照年表：古典希腊、罗马和意大利及其他文明

古典希腊

公元前 510 年至公元前 490 年

从僭主政治到民主

- 雅典希庇亚斯被推翻，僭主政治终结
- 克利斯梯尼政治改革，雅典民主制度萌芽
- 地米斯托克利当选执政官
- 伯里克利出生

文化成就：

- 索福克勒斯出生

公元前 490 年至公元前 479 年

米堤亚战争

- 希腊和波斯爆发第一次米堤亚战争
- 埃雷特里亚被摧毁
- 马拉松之战
- 第二次米堤亚战争
- 温泉关战役、阿尔特米西亚战役、萨拉米斯战役、普拉塔亚战役和米卡勒战役
- 建造新城墙，用以加固雅典的防御

公元前 479 年至公元前 470 年

雅典霸权

- 五十年的开始：雅典全盛时期的 50 年
- 雅典人的第一个联盟：提洛同盟
- 地米斯托克利遭到放逐

文化成就：

- 弗里尼乔斯完成《腓尼基人》
- 埃斯库罗斯完成《波斯人》

公元前 470 年至公元前 460 年

民主消亡

- 薛西斯遇刺身亡
- 第三次米堤亚战争
- 雅典人对埃及远征
- 雅典的埃菲亚尔特改革

文化成就：

- 哲学家苏格拉底诞生
- 历史学家修昔底德诞生

罗马和意大利

公元前 510 年至公元前 490 年

共和国建立

- 驱逐罗马最后一位国王塔昆大帝，建立共和国
- 执政官普布利库拉通过一项谴责僭主政治的法律
- 《伊西利亚法》，政治改革和建立各种地方行政机构
- 公民大会第一次召开

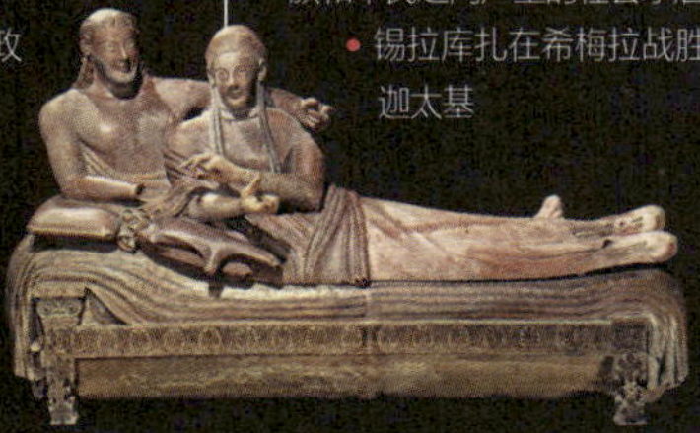

公元前 489 年至公元前 480 年

战争和改革

- 罗马人与邻国人民先后爆发战争（沃尔西人、艾西亚人等）
- 罗马尝试土地改革，引起了贵族和平民之间严重的社会矛盾
- 锡拉库扎在希梅拉战胜迦太基

公元前 479 年至公元前 470 年

政治重组

- 将平民重新组织成部落
- 罗马平民的护民官从两个增加到五个
- 卡尔西顿人和叙拉古人在库马战胜了伊特鲁里亚人

其他文明

公元前 510 年至公元前 490 年

- **欧洲：**塔特西亚文明结束
- **波斯：**阿拉姆语成为官方语言
- **印度：**帕尼尼统一了古典梵文的语法
- 宾伽罗使用零和二进制数字系统
- 建立耆那教
- **美洲：**中美洲萨波特克人的象形文字

公元前 490 年至公元前 480 年

- **波斯：**大流士进攻希腊
- 大流士之死
- 埃及反抗波斯的控制遭到镇压
- 薛西斯加冕
- **印度：**中摩揭陀的统治者比哈尔的宾比萨拉过世，由贾塔沙特鲁取代
- 佛教创始人释迦牟尼诞生
- **中国：**吴王夫差修运河

公元前 480 年至公元前 470 年

- **波斯：**波斯人对希腊的入侵以失败告终
- **印度：**佛教创始人释迦牟尼圆寂
- **中国：**进入战国时期
- 孔子卒

公元前 460 年至公元前 450 年

雅典扩张

- 雅典与阿尔戈斯结盟对抗斯巴达
- 提洛同盟宝藏从提洛转移到雅典
- 卡利亚斯和约

文化成就：

- 埃斯库罗斯完成《俄瑞斯忒亚》
- 埃斯库罗斯离世

公元前 450 年至公元前 440 年

和平岁月

- 雅典和斯巴达之间 30 年和平的开始
- 突黎瓦建立

文化成就：

- 在伯里克利的主持下开始建造帕提侬神庙
- 建造雅典卫城中的普罗皮莱亚
- 索福克勒斯完成《安提戈涅》

公元前 440 年至公元前 430 年

第二次伯罗奔尼撒战争

- 公元前 431 年，雅典和斯巴达之间爆发了新的战争，战争持续到公元前 404 年
- 雅典暴发瘟疫，伯里克利去世

文化成就：

- 欧里庇得斯完成《阿尔塞斯蒂斯》《希波吕托斯》和《美狄亚》
- 历史学家色诺芬诞生

公元前 469 年至公元前 460 年

平民护民官

- 罗马的平民护民官从五人增加到十人，达到了最终的人数。这个机构的目的是保护平民并控制国家的行动

公元前 459 年至公元前 450 年

法律和公民投票

- 第二部阿西利亚法，其承认部落大会有效
- 第二次土地改革
- 十大执政官起草《十二表法》
- 卢修斯・昆克提乌斯・辛辛纳图斯战胜多位主教

公元前 449 年至公元前 440 年

平民的权利

- 建立对平民和贵族有约束力的公民投票，但这些投票须经参议院否决
- 在罗马，《卡努勒亚法》授予平民“同居权”，允许贵族和平民之间通婚

公元前 439 年至公元前 430 年

军事胜利和饥荒

- 卢修斯・昆克提乌斯・辛辛纳图斯第二次被任命为独裁官，以挫败斯普里乌斯・马埃留斯的计划，斯普里乌斯・马埃留斯是一个富有的公民，他想成为罗马的国王
- 罗马经历了大饥荒时期
- 辛辛那提斯去世

公元前 469 年至公元前 460 年

- **波斯：**薛西斯遇刺，阿尔塔薛西一世继承王位
- **近东：**朱迪亚起义
- **埃及：**埃及爆发反对波斯统治的新叛乱
- **印度：**阿贾塔沙特鲁在巩固和扩大摩揭陀的领土后死亡
- 南达王朝掌权

公元前 459 年至公元前 450 年

- **欧洲：**拉泰纳的凯尔特文化的开始
- **波斯：**亚达薛西镇压了埃及人的叛乱，并在该地区重新建立了波斯人的统治
- **近东：**希伯来人迁移到耶路撒冷，重新建立起政权
- **中国：**晋国最强大的卿族之间爆发晋阳之战

公元前 449 年至公元前 440 年

- **近东：**波斯人允许耶路撒冷重建部分城市
- **中国：**周哀王作为周王登基即位。他在一年后去世，由周思王继承王位

公元前 439 年至公元前 430 年

- **中国：**中国晋国领土分裂为三个国家
- 曾侯乙 65 件编钟铸成。这套编钟在 1978 年出土于曾侯乙墓中

NATIONAL GEOGRAPHIC

图书在版编目（CIP）数据

古典希腊 / 美国国家地理学会编著；董馨阳译. -- 北京：现代出版社, 2023.3

（美国国家地理全球史）

ISBN 978-7-5231-0088-2

Ⅰ. ①古… Ⅱ. ①美… ②董… Ⅲ. ①古希腊－历史 Ⅳ. ①K125

中国国家版本馆CIP数据核字（2023）第019431号

版权登记号：01-2022-7050

由北京久久梦城文化发展有限公司代理引进

古典希腊（美国国家地理全球史）

编 著 者：美国国家地理学会
译　　者：董馨阳
策划编辑：吴良柱
责任编辑：张　霆　张　瑾
内文排版：北京锦创佳业文化传播有限公司
出版发行：现代出版社
通信地址：北京市安定门外安华里504号
邮政编码：100011
电　　话：010-64267325　64245264（兼传真）
网　　址：www.1980xd.com
印　　刷：固安兰星球彩色印刷有限公司

开　　本：710mm*1000mm 1/16
印　　张：14　　　　字　　数：218千
版　　次：2023年3月第1版　　印　　次：2023年3月第1次印刷
书　　号：ISBN 978-7-5231-0088-2
定　　价：88.00元